甲骨文の誕生—原論

高島敏夫

人文書院

目次

緒　論

本書の立場と意図について

本書の基本的な姿勢と方向性を最初に記しておきたいと思う。本書は甲骨文の誕生に関する考察を白川文字学の土台の上に展開するのであるが、そこに白川静がもたなかった視点を導入する。それは言語と文字との関係を考えるという視点である。自明のことではあるが、文字は文字を使っている社会に生まれるのではなく、無文字社会に生まれるのである。言葉の上では当たり前のことを言っているのだが、要は、文字を日常茶飯に使う社会に生まれ育った我々が、文字を使うようになる前の無文字社会をどこまで具体的に描き出せるかということが、この問題を考える際の重要な鍵を握っているのである。言語と文字との関係を考えることなしに文字誕生の問題を本質的に考えることはできない。言語学からすればこのことは当然のことに属するが、文字学の分野では従来ほとんど顧みられなかった問題である。特に表意文字の性格が濃厚な漢字の文字体系について考える場合に、すっぽり抜け落ちていた視点である。

もう一つ述べておきたいことがある。無文字社会における言語とは口頭言語のことであるが、口頭言語には二種類あることも念頭に置いておくべき重要な事柄である。一つは言うまでもなく日常的な話し言葉である。これを一般的な言い方で口語と言ってもいいだろう。いま一つはそうではない言語、日常的な話し言葉ではない口頭言語というものがある。それは特別な場で用いる言語である。特別な場とは祭祀や儀礼の場で用いる言語のことであるが、それ以外に歌謡や口頭伝承の形で用いられる場合もある。これを仮に祭祀言語あるいは儀礼言語と呼ぶことにする。この呼び方が最も相応しいかどうか分からないが、日常的な口語と区別するためにこのような言い方をしておく。また別の区別する言い方もありうる。それは日常的な話し言葉を「俗語」とし、特別な場における言葉を「雅語」とするという言い方である。俗語と雅語という言い方は、アイヌ文学の研究者である金田一京助氏や久保寺逸彦氏も用いている。俗語と雅語があるのはアイヌ語だけではない。一般的にいって文字をもたない民族にも俗語と雅語との二種類の口頭言語があり、それらを使い分けていたことは、文字研究者である西田龍雄氏や河野六郎氏の述べるところである。このことは文字の誕生を考える場合に重要な視点を与えるだけでなく、後に文字で記された文書が登場する意味を考える場合にも重要な視点をもたらす。本書ではこれらの用語をその場その場に適した言い方で使い分けることにする。

以上の視点を導入することによって、文字の誕生を考えていくのであるが、ここでの対象が甲骨文であるが故に、甲骨文に表示された古代中国語の特徴も考慮にいれなければならない。ここにも言語学の視点を導入することになる。

ここで予め一言しておいた方がいいと思われる点について述べておきたい。それは白川文字学で最も有名な「ㅂ」字形の捉え方に関するものである。周知のように白川説では「ㅂ」字形は「祝辞（神に祈る言葉）を入れる器」とされている。白川文字学に関心のある人なら知らない人がないほど広く知られた説であるが、この説を前述の二つの視点から捉え直すことによって、「祝辞（神に祈る言葉）を入れる器」であった「ㅂ」が「口」の意味に用いられるようになる過程を描き出すことができるのである。そういう趣旨で論じるのが第五・六章である。甲骨文の用例や金文の用例を挙げながら進めていくはなはだ専門的な内容であるから、何を目的とした考証であるのかが分かりにくい向きもあるかも知れないので、ここに一言しておく次第である。

以下、内容が多岐にわたるので、読者の道しるべになるかと思って「全体の流れ」を記しておく。

全体の流れ――読者のための道しるべ

第一章の「文字とは何か」で述べることを一言でいえば、漢字も「言語を記録する記号である」という点で、世界の他の文字と同じだということである。これは漢字がいきなり文字言語として成立したかのように見なす文字観に対して提出する一種の反措定である。漢字は表意文字であるという認識が今なお多数派を占めているようだが、そう考えるが故に、いきなり文字言語として成立したと考えてしまうのである。あえて挑発的にいうならば、いきなり文字言語が成立したと考えるがために、言語と文字との関係を考えることを棚上げにしてしまうのである。そしてその後の漢字の歴史もうまく説明できなくなる。

漢字が表意文字であるという認識が間違っているわけではないが正確ではない。表意文字だけでは文字体系が整わないのは、世界の文字体系を見ても例外がない。文字体系というものは、河野六郎氏や西田龍雄氏が述べるように、表音機能を具えることによって出来上がるからである。このことは、文字体系には言語の書記システムという属性があるということを意味している。漢字の原初形態である甲骨文の場合もこの表音機能が具わっている。表音機能を具備したが故に、言語を記録する記号としての文字の必要条件を充たしたのである。もっと素朴な記号だけの段階がないのはなぜか、という素朴な疑問が残るだろうが、この点についても第一章で具体的に述べる。これは人間の抽象化能力をどうみるかの問題でもある。旧石器時代中後期に絵画を描く能力を具えていた人類には、抽象化能力あるいは象徴化能力がすでに具わっていたと解釈するのが妥当であろう。絵が描けるということは絵文字・象形文字を書く能力が具わっていることを意味する。あとはそれを言語と直接結びつけるかどうかの問題が残っているだけである。残っているだけだといとも簡単に言いはなったことになるが、そこに長い人類の歴史が介在し、徐々に文字を創出する社会段階へと移行していったと考えられるのである。人間の能力というよりも社会的な条件の問題である。これを一般的に漠然と想定されがちな、文字が素朴な記号から発展したものだという一種の進歩史観的な認識を手放さないでいると、絵画を描く能力を具えていた人類が、記号しか使えないレベルへと一旦後退した後、再び描画能力を獲得したかのように想定してしまうことになる。

第一章の最後に祭祀言語という問題を設定した。儀礼祭祀の際に用いられる言語という意味であるが、もちろん口頭で発せられる言語のことである。ここで述べようとするのは口頭言語には日常的な言語と儀礼祭祀の際の言語とがあったことである。前述の河野・西田両氏が述べているように、日常的な言語とは区別される言語が文字を使わない民族にも存在する。例えば日本列島ではアイヌの言語にもそのような言語があることは、金田一京助氏や久保寺逸彦氏によって詳細に報告されているとおりである。共同体において儀礼が存在する限りは、儀礼特有の言語をもっている。それを仮に祭祀言語と名づけて日常的な言語と区別するのである。日本語で言えばハレとケ（褻）のハレの場における言語を想定すればよい。これはまた後の韻文と散文、あるいは文語と口語へと展開される源泉にも当たるとも考えられるが、文字を使わない段階ですでに、日常的な言語とは区別される祭祀言語があったことについて述べるのである。そして文字の誕生がその祭祀言語を記録するためのものであったことを論じる。このように考えることによって、占卜という儀礼で用いられた言語の記録が甲骨文であることが合点されるであろう。文字はこのような祭祀言語を記録するために創出されたのである。

第二章「文字と言語」では、甲骨文が口頭言語を記録する文字として創出されたという観点から、文字構造に関する考え方の再検討を試みる。第一章で詳しく述べているように、本書では甲骨文を絵文字レベルの字形のまま言語を記録する条件を具えたという認識の上に立つので、図象文字を基本形と考える。ここで図象文字としたのは一般に象形文字と呼ばれてきたものであるが、象形という概念が意外にまちまちに理解されているようなので、あえて図象文字と呼ぶ。詳しくは第二章に述べる。図象文字で表現し得ない語は別の文字の音を借りて示すので借字と捉える。これら図象文字（表意文字）と借字（表音文字）とで表語機能を具えたということである。ただし、これは一般的な語彙の場合である。が、甲骨文には人名や地名などの固有名詞が多数見える。この場合にも図象文字と借字とが用いられるが、それだけでは固有名詞としての表記が十分ではない場合がある。一般的な語彙との区別ができない場合があるからである。その際には、固有名詞であることを示す限定符「」「」「」等が付加される。これはあくまで一般的な語彙との差異を示すためのものであって、後世の増字過程で出て来る会意や形声とは区別すべきものである。このように区別することによって、漢字の歴史を跡づける視点を得ることができるのである。

　第三章「中国最古の文字・甲骨文の生まれた時代の位相」では、殷代後期前段の武丁という王の時に文字がなぜ生まれたのか、という時代背景について述べる。ここで武丁以前の文字資料がまだ文字らしきものではなく、すべて何らかの約束事を記した程度の記号の類であることを確認しながら、なぜ武丁の時に文字が生まれたかを考えるのである。武丁時代の社会が文字を生み出す条件を整えていたのかどうかという問題である。これを都市形成と言語意識の変容という問題として設定する。武丁の時代は殷代後期で人口が急速に増加した時期として位置づけられる。つまり都市の形成が急速に進み、人口密度が高くなった時期として捉えられるのである。人口密度の高い都市生活では、農村と異なり住環境が緊密化する。住宅が近接する状態を造成するのである。このような物理的条件の中では言語環境も異なる。様々な部族の様々な言語が混在するため、言語そのものへの関心が高まっていくものと思われるのである。具体的にいえば、言語を分析する意識が高まっていくのである。

第四章では「高宗亮陰、三年不言」という語が何を意味するのかという私案を提示する。「亮陰」という語が古来謎めいた語として様々な解釈が加えられてきたが、これを金文に見える「夙夕」「夙夜」と同義語と捉え、祭祀を示す語と理解することを提示するのである。これによって「高宗亮陰、三年不言」を高宗すなわち武丁が、儀礼祭祀の際に三年もの間言葉を発しなかったことを示すと捉えるのである。甲骨文の用例を見ていると、武丁には言語障害・聴覚障害があったことを示唆する例がある。こうした時代背景の中で武丁の時に文字が生み出されたと考えるのである。ここで口頭言語が日常的な言語と祭祀言語に分類されることを改めて想起されるであろう。文字は無文字社会の中で、祭祀言語を記録する記号として生み出されるのである。春秋時代に入ってテキスト化が始まるものは「詩」「書」「易」「礼」であるから、全て儀礼言語（雅語）であることも合点されるであろう。

第五・六章は「ㅂ」の原義とその変遷について述べる。「ㅂ」字形は現在我々が口偏と呼ぶ「口」の原初形態であるが、口の形ではなくまた口の意味でもなかった。「ㅂ」が「祝辞（神に祈る言葉）を入れる器」であることについては、白川静の周到極まりない「釈史」という論文によって疑問の余地のないまでに論証された。本書は白川説を継承しつつも、そこに「言語と文字との関係を考える」視点を導入することによって、「ㅂ」字形の含む意味を捉え直し、これを「祭祀言語を記録した冊書を入れる器」とする。こう捉えることによって、「ㅂ」字形がその後発声や発語の意味にも用いられ、さらには肉体部位つまり器官としての口の意味にも拡張されていく方向を予見することができるのである。「ㅂ」字形を「祝辞（神に祈る言葉）を入れる器」とする白川説が的を射た捉え方であったにもかかわらず、意味が後に変遷していく理由を説明できなかったのは、雅語というものを想定しなかったからである。そのことは、甲骨文の誕生を文字言語の創出とさえ記していた（『漢字の世界』冒頭）ことからも見て取ることができる。「ㅂ」字形の原義の捉え直しが甲骨文の誕生の問題を考える際にも重要な働きをすることは、本書を通読することによって理解していただけるであろう。

第五章では「口（ㅂ）」の原義を白川説にしたがって述べるのだが、一般に白川文字学の方法に対する学問的な理解が十分に得られていないことを痛感するので、まずその説明から始める。白川文字学のアプローチの仕方をソシュール言語学の観点から見ると、共時言語学的なアプローチと通時言語学的なアプローチとを具えていることが分かる。それは白川文字学の出発点が詩経研究の訓詁学にあったことと密接な関係がある。白川の詩経研究は、『詩経』に出てくる全ての語彙を詩篇の時代の語義で捉えようと努力するものであった。それでその同時代資料である金文の研究に向かったのである。その方法は徹底的なもので、金文のあらゆる語彙の用法に通暁しようとするものであった。このようなアプローチの仕方を金文時代の語彙に関する共時言語学ということができる。そして白川はさらに歩を進めて甲骨文に遡り同じことを試みる。このように、白川は文字の成り立ちを考える前に文字（語）の用法を徹底的に分析しておいたのである。白川はまた、殷代甲骨文の文字（語）の意味が西周時代に入ってから変化するという現象をも見逃さず、それを綿密に観察する。このようなアプローチを通時言語学あるいは歴史言語学ということができる。こうした甲骨文と金文の語彙論を土台に文字の成り立ちを考えるのが白川文字学の方法なのである。

　このような語彙論を踏まえた考察の結果、「𠙵」字形が「祝辞（神に祈る言葉）を入れる器」と捉えられたのである。「𠙵」字形の捉え直しについてはすでに述べておいたが、ここでは先ずは白川の方法に沿って「史」「告」「使」の用法の分析を概観する。「史」が自然神や祖先神への祭祀の意味であり、「告」が危急の際に自然神や祖先神に告げて佑助を求める意味であることを確認する。そして「使」は「史」とは異なり他部族に向かうものであることを確認する。「使」の概念については白川の少々複雑な解釈の仕方を解消するために、「𠙵」字形を「祭祀言語を記録した冊書を入れる器」と捉え直す修正案をも提示するのである。ここで殷王朝の宗教的支配形態にも言及するが、これは次の西周王朝が殷王朝とは異なる支配形態を採ろうとした問題に入るための序奏的な意味をもつものである。第五章の最後に「𠙵」字形を捉え直す理由を整理する。

第六章「西周時代の「𠙵」の位相」では、西周時代における「𠙵」字形がどのように機能しているのかを分析する。この時期の「𠙵」字形理解に対する白川の分析は十分になされていない。「𠙵」字形がどのように機能しているかを理解する上で有効なのは、西周時代中期に出現する「冊令（命）形式金文」と呼ばれる銘文群の分析である。ここで「命」という文字（語）が始めて用いられる。「命」は殷代から西周時代前期までは用いられなかった文字（語）である。それまでは「𠙵」のない「令」のみが用いられていた。つまり殷代から西周時代前期までは文書なしの口頭のみによる発令がなされていたのである。それともう一つ「冊令」という語が用いられる。「冊令」もこの時期に始めて用いられるようになった語で、「命」と同じ意味で用いられる。「命」が一字、「冊令」が二字で表わされるという点で一見別の語のように見られやすいが、ともに文書を伴う命令を発することを示す。その「令」の中に「𠙵」字が加えられ、口頭で発せられていた命令に文書が加わることを示すのである。

冊令が行なわれる官職任命式では、発令の文書を扱う官職名も登場し、また「令冊」「令書」といった命令を記した冊書の存在も見ることができる。具体的には第六章で改めて見ることにして、ここでは「𠙵」字形が王命という祭祀言語を記した文書を入れた器であると認識できることを述べるのである。ただ冊書に記された内容については、殷代のそれと西周時代のそれとでは性格の差異が見られるので、この点についても述べておかなければならない。それは両王朝の支配形態の差異を反映するものである。殷代のそれは、殷王朝を宗主とする宗教的秩序を形成する緩やかな支配形態であったが、西周王朝は諸族を王朝の官職に任命することによって王朝の下に組織化しようとするものであった。その意味で政治的支配を指向するものであり、冊書に記された内容も政治的な性格を帯び始めていることになる。別の言い方をすると、任官式が儀礼空間で行われるものであっても、王命が政治的な意味を帯び始めているということである。これを両王朝の支配形態の差異による「冊書」の位相の差異として整理しておいた。微細な差異に対する関心に見えるかも知れないが、「冊書」の性格が徐々に変化していくことを記しておく必要があるのである。

第六章の最後に、祭祀言語を記録する職の系譜について述べておいた。史・作冊・内史たちである。彼らは殷王朝にその起源をもつものだが、西周王朝では官職任命式を担掌しその過程で文字を記す仕事をも掌っていた。殷王朝で用いられていた文字が、西周王朝においても用いられるようになったのは彼らの働きによるものであることについて述べておくのである。彼らはこの過程を通じて次第に記録官としての性格を強めていくのであるが、文字を記録するという行為が次第に重視されるようになる過程でもあるのである。

第一章　文字とは何か——文字の本質

一　文字という概念

中国における最古の文字とは何か？　先ずこの問題から始めたい。現存する中国最古の文字が甲骨文であることは、現時点では異論がないであろう。しかし甲骨文以前にも文字が存在したのではないか、という漠然たる思いが念頭から消えてしまうわけではない。それで象形文字めいたものが記された資料が出土したり、あるいは記号を記したようなものが出て来たりするたびに、甲骨文より古い文字資料ではないかと、ちょっとした騒ぎになる。私も必ずしも例外ではなかったが、しかしこうしたことを何度か経験するうちに、最古の文字かどうかの問題は、文字観によって左右されることに気づきはじめた。〈文字〉とは何かという概念の規定なくして、それが最古の文字であるかどうかなど、判断できないことに気づいたのである。長く甲骨文や金文の世界に関わって来たものとしては当然の問題意識である。中国における最古の文字とは何かという問題を正面切って論じた最初の学者は、管見の及ぶ限りでは中国の裘錫圭氏の

図1　半坡記号の例

図2　姜寨記号の例

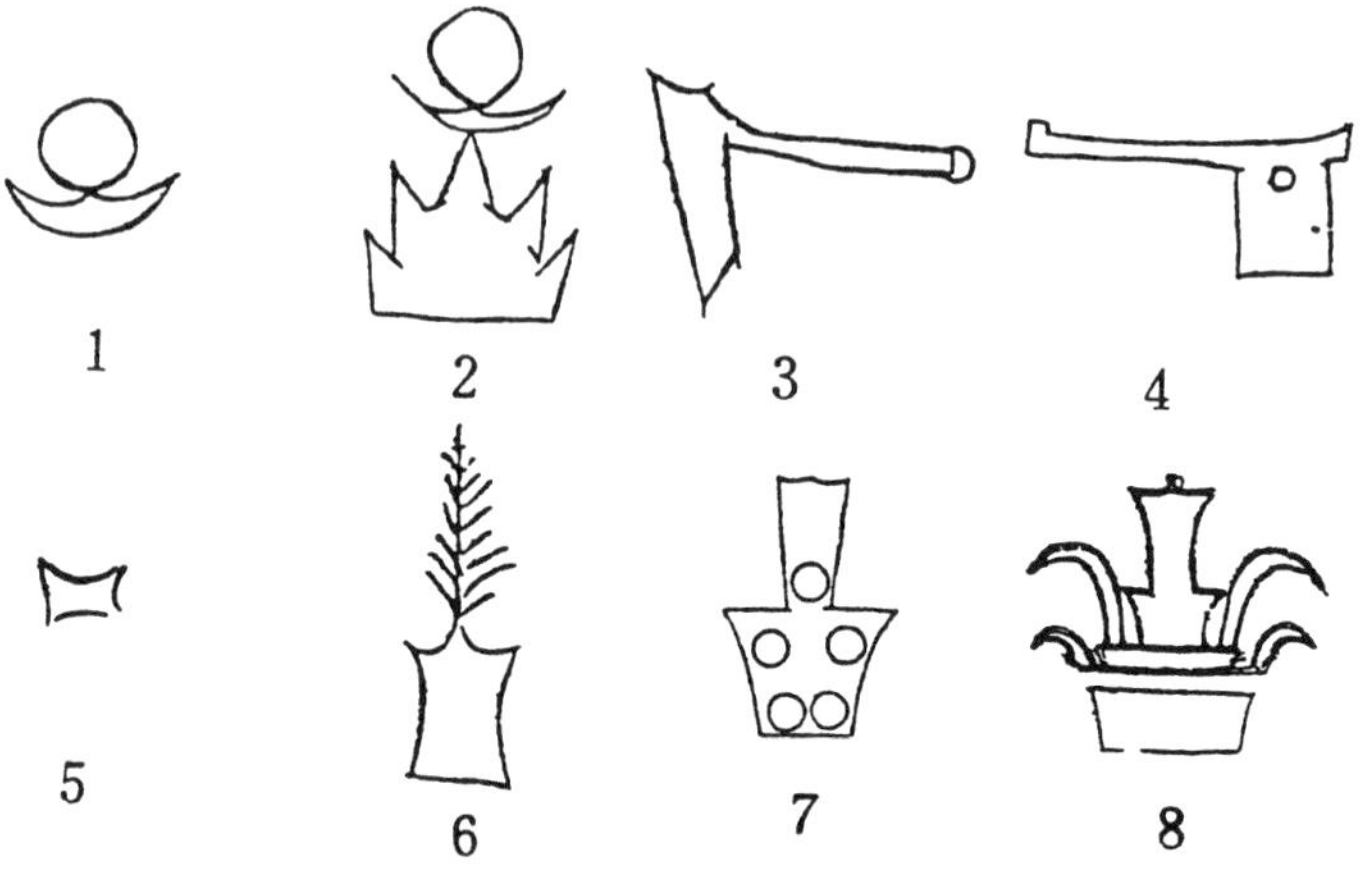

図3　大汶口文化陶尊記号の例

「果して文字なのか――わが国の新石器時代に用いられた符号について(1)」であった。

新石器時代の記号が文字であるかどうかということを検討するに当っては、先ず我々のいう「文字」の定義を明確にしておかなければなりません。文字の定義の問題については、言語文字学者は狭義派と広義派との両者に分かれます。狭義派は、文字とは言語を記録する記号だと考えます。広義派の場合は、大まかに、人々がそれを使って事柄を記したり情報を伝達したりして、一定の意味を表す図形と記号をすべて文字と呼ぶことができると考えています。もしも広義派の立場を採りますと、新石器時代の記号はすべて文字と見做されてしまいますので、狭義派の立場を採らないと、文字であるかどうかを検討する意味などないわけです。

裘氏は、文字の定義、文字が誕生する社会的条件、文字体系形成までの長い過程などについても鋭い考察を示していて、非常に啓発されるところが多いが、いまは文字の定義に限って氏の論旨を要約してみると次のようになる。文字の定義が明確でないと、何らかの意味を示す図形や記号であれば文字ということになり、新石器時代の記号の類はすべて文字と見なされてしまう【図1～4】。文字であるかどうかを判断するには、〈狭義派〉の「文字とは言語を記録する記号である」という立場を採るのでないと、検討する意味そのものがないということである。

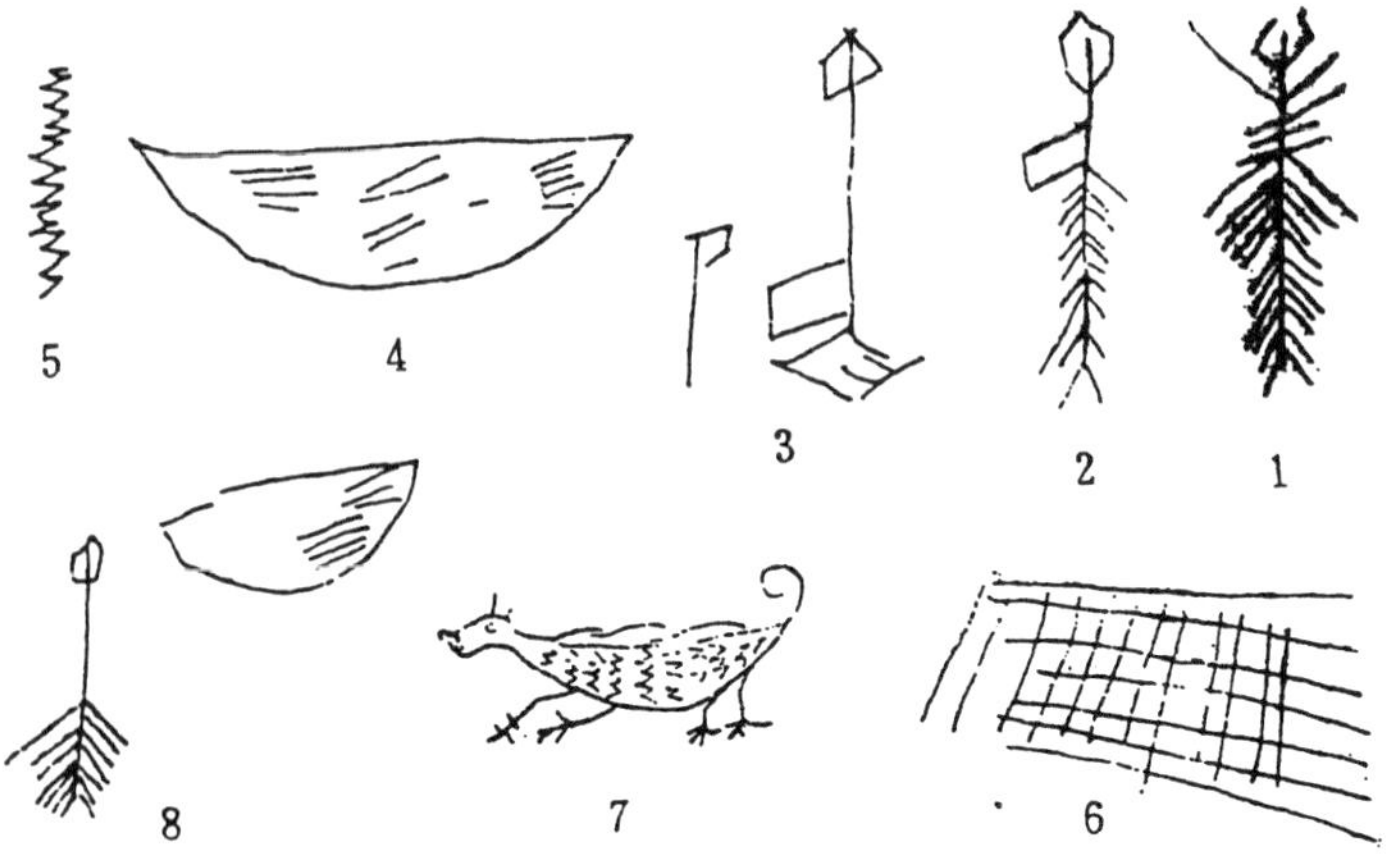

図4　余杭良渚文化陶缶記号

裘氏の所論で扱われたものの中には絵文字風のものもあるので【図3・4】、これを文字と見なそうとする人も出てきたのだが、前者は図1と図2の資料がそうであったように単独一字で用いられているだけの記号的なものに過ぎず、後者は絵文字風のものが並べて書いてあるとはいうものの、言語とは結びつきにくいものであるため、「言語を記録する記号」という意味での「文字」の条件を具えているとは言いがたいということである。

一時非常に話題になった例としてもう一つだけ言及しておくことにする。山東省鄒平丁公村（一九九二年頃出土）の龍山文化期の陶片刻画記号である【図5】。この場合いかにも象形的な字形が十一も並んでいて、あるまとまりを持った文を記しているように見える。[2] 当初この資料は、考古学者たちによって、甲骨文に近いので解読が可能だとも言われたが、何を描いたものかが分かりにく

図5　鄒平丁公龍山文化陶片上の刻画記号

い点で、甲骨文とは明らかに異なっていた。その後、文字学者たちによって慎重に検討され、甲骨文に直接結びつくものではないと断定された。しかし何らかのまとまりのある内容を記したものである可能性がなくなったわけではなく、彝族の文字であるという説が浮上してそれきりになった。言語を記録する記号とは呼べない、文字以前の資料を裘氏は〈原始文字〉と呼んでいるが、あくまで便宜上そのように呼ぶだけのことで、そのような〈原始文字〉から次第に〈文字〉へと発展したことを必ずしも物語るものではない。

〈狭義の文字〉という立場からすれば、中国最古の文字は甲骨文である。ただ、世界の文字の一般的な歴史と比較してみると、象形文字がそのまま文字の体系を整える例は他になく、象形文字が略体化されて表音文字を生み出し、文字体系が表音文字に移行していく場合が多い。エジプトのヒエログリフの初期段階の文字は甲骨文以上に絵画的印象が強く、象形文字というよりも絵文字と呼ぶ方が相応しいものであったが、象形文字だけでは文字の体系を整えるにはいたらず、表音文字を生み出すことによって文字体系ができあがっていった。(3) 古代メソポタミアでは楔形文字がよく知られているが、いきなり楔形文字が記号として考案されたのではなく、象形文字を略体化したものである。極度に略体化されているため象形文字の面影をとどめていないだけのことである。象形文字を略体化して表音文字を生み出すことによって文字体系を整えた。(4) この点で日本の文字体系が漢字を略体化して、平仮名という表音文字を生み出したことと共通したところがある。葦を用いて粘土板に押しつけるという簡便な方法で記すことができるので、絵文字を描くような手間暇がかからず、書記に向いている。古代エジプトとメソポタミアの文字体系に共通する点は、象形文字段階では文字体系が十分に整わず、表音機能を担う文字が考案されることによってはじめて文字体系が整うにいたったということである。

以上の考察から言えることは、言語を記録するためには表意文字だけでは十分な機能をそなえるにはいたらず、表音機能を担う文字の考案によってはじめて文字の体系が整うということである。これは文字というものが一見視覚に訴えるものに見えながらも、何らかの記号によって言語の音を示す機能を必要とするものだということである。少なくとも文字の体系ができあがるまでの過程ではそうである。であるとすれば、「言語を記録する記号」は表音機能を具えてはじめて書記システムが整うということになる。このことは一見表意文字による体系の様相を呈している甲骨文についても当てはまることであるが、そのことについては追々述べていくことにしたい。

二　表音機能と文字体系

前節では「文字」の定義を裘錫圭氏の定義にならって「言語を記録する記号」としておいた。これに対して一般的に根強く残っている漠然とした文字概念を〈広義の文字〉としておいた。「文字」概念が漠然としている理由は、文字が生まれる過程が明らかでないところにあると思われるかも知れないが、私見によれば、むしろ「文字」概念が曖昧であるがために、文字の生まれる過程についての考え方が漠然としているのだと思われる。次にフランスの優れたアッシリア学者ジャン・ボテロの考え方を紹介しておこう。

私の考えでは、この文字という用語を一部の歴史学者や考古学者は、あまりにも軽々しく使いすぎている。偶然のものとは思えない複雑な痕跡や、明らかに意図的にしるされたなんらかのメッセージを含んでいるデッサンを目のあたりにしたとたんに、彼らはこれを文字と呼ぶ。だから「ブルターニュの巨石群の文字」のことが取り上げられたりするのである。実のところ、もしある単語がきちんと限定された意味を持つものであるとすれば（今日のことはますます忘れられあるいは否定される傾向にある。公式にではなくとも、少なくとも言葉では！）、文字であるためには、考えや感情の表われであるメッセージの存在だけでは不十分なのである。言語であるためには、叫び声だけでは不十分であるのと同様のことである。さもなければ、すべての造形芸術は文字ということになってしまい、大混乱を引き起こすことになろう。文字であるためには、すべてのメッセージを伝達し定着させるためのシステムが必要なのである。換言すれば、サインなりシンボルなりが組織的で規則的な集合体を構成していることが必要なのである。これによってサインやシンボルを使用する人は、自分が考えたり感じたり、説明しようとしたりすることすべてを、実体化し正確に定着させることができるのである。

（ジャン・ボテロ著・松島英子訳『メソポタミア　文字・理性・神々』[5]）

ボテロはまた「備忘手段」という語を用いて文字以前の記号の種類をも表わす。備忘という限りは何らかの意味やメッセージをもつ媒体であるが、ボテロの言い方に従えば、「文字であるためには、すべてのメッセージを伝達し定着させるためのシステムが必要なのである。」ボテロの述べていることは、口頭で発せられる言語を記録し文字として定着させるための書記システムが文字体系ということである。そういう意味でなら、メソポタミア最初の文字体系は絵文字ではなく楔形文字ということになる。その前段階の絵文字は文字体系と呼ぶにはまだ十分なシステムを具えるにいたらなかった。しかしまた、楔形文字は絵文字を極端に略体化したも

図6　コンプレックス・トークン。イランのスーサ出土

のであるから、絵文字なしには生まれなかった。そういう意味にとらえるならば絵文字そのものは文字前史として位置づけるのがいいであろう。

一方、絵文字起源説を否定する考古学者ベッセラはトークン説を唱える。[6] しかしこのトークンが上記のような意味でのシステムを具えたものかと言えば、そうではない【図6】。物の名前と数字が記されている程度のものである。言語を記録する記号という意味でならまだそのようなシステムをもたない。ボテロのいう「備忘手段」レベルの資料である。

言語を記録するための文字体系としてはまだ十分な機能を具えなかったシュメール文字であるが、やがて文字体系の条件を具えて楔形文字による書記システムができあがる。絵文字を簡略化することによって作られた表音専用の記号がそこにはあった。文字体系の完成には表音機能を創出することが最も重要な条件になっている。それというのも、逆説的な言い方になるが、文字というものは、無文字社会の中で生み出されたものであるから、本来は口頭言語を記録することを目的としたものだからである。このことが漢字の原初形態である甲骨文にも当てはまるのかどうかということである。以下、甲骨文あるいは甲骨文字という語をたびたび用いることになるが、この語には次のような三つの意味合いがある。

1　文字体系としての甲骨文
2　一字一字個別に見た場合の甲骨文
3　甲骨文によって記された文あるいは文章

文脈によって異なる意味合いで用いることがあるが、念頭においておいていただけると混乱が避けられるかと思われる。

甲骨文は典型的な象形文字である。そしてこの象形文字が次の西周王朝にもそのまま継承されていて、文字体系に対する大きな変改が加えられていない。六百年もの間甲骨文から金文へとほぼ同じ字形を保持した文字体系が継承されているのである【図7】。西周時代から春秋戦

図7　甲骨文と金文の字形対象図

国時代へと進む過程で文字数が増加するということは起こるが、楔形文字のように表音機能が洗練されていって文字数が減少するという現象は起こらなかった。これは世界の文字の中では特殊な事柄に属する。なぜ漢字だけが象形文字の字形のまま文字として機能したのか。象形文字を簡略化することによって、表音専用の文字体系による書記システムをなぜ作らなかったのかという疑問が残るであろう。

後ほど改めて見ることにするが、例えば日本の文字体系は、漢字の草書体を極端に簡略化して平仮名を考案し、あるいはまた漢字の一部分を用いて片仮名を造り、日本語の表音機能を担わせた。そして漢語には漢字を用い、和語には仮名を用いるという漢字仮名交じり文の書記システムを創出した。日本語の場合も表音専用の文字を創出することによって文字の必要条件を整えたのである。その点では楔形文字という文字体系の成立過程と相似たところがある。日本語の文字体系はいわば世界の文字体系と共通する道を歩んだわけである。

しかし漢字の場合だけは成立過程が違っていた。そのような表音に特化した文字を新たに作ることなく、同音の文字を借りて音を示すことによって当該の語を表記した。仮借と言われたり借字と言われたりするものである。別の言い方をすれば、形象としては絵文字段階のまま文字に必要な条件である表音機能を具えてしまったのである。絵文字段階において文字体系ができあがったのであるから、その前段階はない。何か物足りない気持ちを誰しも抱いてしまうであろうが、これが漢字の原初形態である甲骨文という文字体系の成立過程の実相である。しかしながら、このような他に類例のない成立の仕方がなぜおこったのであろうか。それには中国語の言語形態がその理由を説明することになる。甲骨文について後ほど具体的に見ていくが、中国語は、欧米語のような〈屈折語〉や日本語のような〈膠着語〉とは異なる〈孤立語〉に分類される言語である。語尾や語頭の付属部分の変化がなく語順によって意味が判断できる。一言で言えば、〈孤立語〉はアルファベットや仮名のような表音専用の文字を必ずしも必要としないのである。そのことを知るためには、他の言語が文字を導入した場合に、どのようにして文字体系を構築していくのかを見ておくのが理解の助けとなる。

三　日本語の文字体系（書記システム）——借字と漢字仮名交じり文

文字のなかった社会に文字が導入される場合、どのような過程を経てその言語に最適な文字体系ができあがっていくのであろうか。わが国の文字使用の歴史的変遷を簡単にたどることによって、参考材料にしたい。この方面の研究は日本語書記史と呼ばれる分野であるが、律令王朝成立前後の木簡が多数出土したことにより、綿密な研究が可能になってきた。管見の及ぶ範囲でも小松英雄氏、沖森卓也氏、小谷博泰氏、犬飼隆氏などの研究があり、それぞれに綿密な考証が展開されていて関心をそそられる。とりわけ犬飼隆氏の研究は近年陸続と出土している韓国の古代木簡の研究が進んだことによって、日本語書記史も大きく書き換えられる可能性があることを示すものである点で、甚だ刺激的なものである。ただ、ここでの目的は日本語書記史を綿密にたどることではないので、文字をもたなかった古代日本人が漢字と漢文をどのようにして日本語向きに転成せしめたかについて、本書の問題意識に沿った形で整理することにしたい(7)。六世紀初頭までは次のような漢文を書いていた。これは現存する資料の中で比較的まとまった内容が記されている最古のものに属する。冒頭の「辛亥年」は西暦四七一年に当たる。（句読点は便宜上補ったものである。）

辛亥年七月中記。乎獲居臣、上祖名意富比垝、其兒名多加利足尼、其兒名弖已加利獲居、其兒名多加披次獲居、其兒名多沙鬼獲居、其兒名半弖比、其兒名加差披余、其兒名乎獲居。臣世々爲杖刀人首、奉事來至今、獲加多支鹵大王寺、在斯鬼宮時、吾左治天下、令作此百練利刀、記吾奉事根原也

（辛亥年七月中記す。乎獲居《おわけ》臣、上祖の名は意富比垝《おほひこ》、其の兒の名は多加利足尼《たかりすくね》、其の兒の名は弖已加利獲居《てよかりわけ》、其の兒の名は多加披次獲居《たかはしわけ》、其の兒の名は多沙鬼獲居《たさきわけ》、其の兒の名は半弖比《はてひ》、其の兒の名は加差披余《かさはや》、其の兒の名は乎獲居《おわけ》。臣、世々杖刀人の首と爲て、事へ奉り来りて今に至る。獲加多支鹵《わかたける》大王の寺、斯鬼《しき》宮に在りし時、吾 天下を左治す。この百練利刀を作らしめ、吾が事へ奉れる根原を記すなり。

（稲荷山古墳出土「獲加多支鹵大王の鉄剣【図8】」）

図8　獲加多支鹵大王の鉄剣
出所　埼玉県立さきたま史跡の博物館

「乎獲居」以下の人名、地名の「斯鬼」といった和語を当時の漢字音を用いて表現している。漢字の意味には関係なく、一音一音を示すために文字を借りる表記法である。タカハシを「高橋」や「高梁」とすると表意的な表記になるが、「多加披次」と表音的な表記を用いている。七世紀前半の推古朝頃までは渡来系の人々によって文書が作成されていたとされているように、日本語を漢文訳しているので固有名詞が音訳になっているということである。

　文書書記の大きな転折点になっている推古朝頃に和文的な表記が現われはじめる。その一つの例として「菩薩半跏像銘」を示そう【図9】。

歳次丙寅年正月生十八日記高屋大夫爲分韓婦夫人名阿麻古願南无頂禮作奏也。（「菩薩半跏像銘」）

（歳、丙寅に次る年の正月生十八日に記す。高屋大夫、分れにし韓婦夫人、名をば阿麻古とまうすが爲に、願ひ南《な》无頂禮《むちやうらい》して作り奏すなり。）

図９　菩薩半跏像
出所　東京博物館の「名品ギャラリー」

これは、文書作成にたずさわっていた渡来系の人々が、次第に日本語になじみ和人化していったことを物語る過程とも言うことができる。

七世紀中葉つまり大化の改新頃以降は語順が日本語のままの和文表記になってくる。そして律令王朝の成立する七世紀後半になると、漢文の読み下しが行われるようになる。表音文字としての「仮名」には音仮名（音による借字）と、訓仮名（意味を示す訓を表音文字として用いる借字）の交用も見られてくる。訓仮名とは「矢田部」を「ヤタベ」と読むような用字を言うものであるが、「ヤ」が多数を意味する語であることからすると、本来は「八田部」とすべきところのようである。また、音仮名と訓仮名が混用される例も出てくる。藤原宮跡出土木簡に見える「阿田矢《あたや》」「阿津支煮《あづきに》」「者々支《ははき》」などがそれである。

その他多種多様な用字例は『万葉集』に見える略体歌や非略体歌と呼ばれている歌群からうかがうことができる。今は人麻呂歌集の中から例を挙げる。

〔略体歌〕春楊葛山發雲立座妹念（11.2453）[8]
（春楊《はるやなぎ》葛山《かつらきやま》に發《た》つ雲の立ちても座《い》ても妹《いも》をしぞ念《おも》ふ）

〔非略体歌〕敷栲之衣手離而玉藻成靡可宿濫和乎待難尓（11.2483）
（敷栲《しきたへ》の衣手《ころもで》離《か》れて玉藻《たまも》成す靡きか〔可〕宿《ぬ》〔寝〕らむ〔濫〕和〔我〕を〔乎〕待ちかて〔難〕に〔尓〕）

略体歌の表記だと、はじめて読む者にとっては、動詞の活用語尾や助詞・助動詞を文脈から推測しながら補わないと読めないため、表記法としてはまだ十分なレベルに達しているとは言えない。これは取り敢えず記録しておくための暫定的な表記法であって、読み手に配慮した表記法ではない。後に『万葉集』のテキストがなかなか完全に読めるものにならなかった大きな原因となっている。例えば「東野炎立所見而反見爲者月西渡」と書かれた阿騎野の歌の読み方などは、「東《ひむがし》の野にかぎろひの立つ見えてかへり見すれば月かたぶきぬ」という読み方が絶対というわけではなく、「東の野にはかぎろひ立つ見えてかへり見すれば月かたぶきぬ」（伊藤博）という読み方も提示されており、表記法としては十分なものではないことを何よりもよく示すものであろう。こうした種々の表記法が試みられる中から音仮名だけの表記法も現われる。時期的には七世紀末頃から始まっているようだが、「歌木簡」と呼ばれる出土資料がそれである。八世紀初頭のものと目される藤原京左京七条一坊出土の「歌木簡」を引用しておこう【図10】。

図10　藤原京左京七条一坊出土の「歌木簡」

出所　「飛鳥・藤原宮発掘調査出土木簡概報（16）」（奈良文化財研究所 2002年）より。釈文は犬飼隆『木簡による日本語書記史【2011増補版】』（笠間書院 2011年）によった

・奈《な》尓《に》皮《は》ツ《っ》尓《に》　佐《さ》久《く》矢《や》己《こ》乃《の》皮《は》奈《な》　布《ふ》由《ゆ》己《こ》母《も》利《り》　伊《い》真《ま》皮《は》々《は》留《る》マ《へ》止《と》　佐《さ》久《く》〔以下不明〕

（なにはつに　さくやこのはな　ふゆごもり　いまははるべと　さく〔やこのはな〕）

一見して分かるように音仮名のみを用いた表記法である。原資料は楷書体で書かれているが、これを草書体で書けば、『古今和歌集』に見られるような平仮名主体の表記になるわけで、和歌についてはこの音仮名を用いる方向に進んでいったようである。

平仮名へ進んでいく方向性が見えた八世紀前半頃は、次に見るような宣命小書体という表記法も出現した。正倉院文書の「天平勝宝九歳瑞字宣命」（七五七年）である。

天皇我大命良末等宣布大命乎衆聞食倍止宣此乃天平勝寶九歳三月二十日天乃賜倍留大奈留瑞乎頂尓受賜波理貴美恐美親王等王等臣等百官人等天下公民等皆尓受所賜賞刀夫倍支物尓雖在今間供奉政乃趣異志麻尓在尓他支事交倍波恐美供奉政畢弖後尓趣波宣牟加久太尓母宣賜禰波汝等伊布加志美意保々志念牟加止奈母所念止宣大命乎諸聞食宣　三月廿五日中務卿宣命

（天皇《すめら》が大命《おほみこと》らまと宣《のりたま》ふ大命を衆《もろもろ》聞き食《たま》へと宣りたまふ。この天平勝寶九歳三月二十日、天《あめ》の賜へる大きなる瑞《しるし》を頂《いただき》に受け賜はり、貴《かしこ》み恐《かしこ》み、親王等《みこたち》・王等《おほきみたち》・臣等《おみたち》・百官人等《もものつかさのひとども》・天下公民等《あめのしたのおほみたからども》、皆に受け賜はり、賞たぶべき物にありと雖《いへど》も、今の間、供《つか》へ奉《まつ》る政《まつりごと》の趣《おもむき》異《こと》しまにあるに、他《あだ》しき事交《まじ》へば恐《かしこ》み、供へ奉る政畢《をは》りて後に趣は宣らむ。かくだにも宣り賜はねば、汝等《いましたち》いふかしみ、おほほしみ念《おも》はむかとなも念ほすと宣りたまふ大命を諸聞き食《たま》へと宣りたまふ。　三月廿五日中務卿、命を宣る）

ここに表記法の基本的な方向が示されている。和歌の場合には音仮名を用い、宣命など公的な文書の場合には漢字の訓読みを用いながら送り仮名には「音仮名」を小字で示すというように。この時期にはいわゆる平仮名も片仮名もまだ現われないが、表記法は読み手にとって読みやすい方向へと洗練されていくわけであるから、平仮名の創出はもはや時間の問題であった。九世紀末に平仮名が生まれ読みやすい表記法の条件が整うことになる。

延喜五年（九〇五）になって、醍醐天皇の命による勅撰和歌集『古今和歌集』が編纂される。ここでほとんど平仮名だけを用いた和歌和文が記されるのである。（随所に漢字が配されているので、「ほとんど」という言い方をしておいた。）これは平仮名が公認されたということを意味する。『古今和歌集』の冒頭には仮名序が付され、末尾に「真名序」という漢文訳が付されている。このことも平仮名の位置づけを高くするものと思われる。

［仮名序］

やまとうたは、ひとのこゝろをたねとして、よろづのことの葉とぞなれりける。世中にある人、ことわざしげきものなれば、心におもふことを、見るもの、きくものにつけて、いひいだせるなり。花になくうぐひす、みづにすむかはづのこゑをきけば、いきとしいけるもの、いづれかうたをよまざりける。ちからをもいれずして、あめつちをうごかし、めに見えぬ鬼神をも、あはれとおもはせ、おとこ女のなかをもやはらげ、たけきものゝふのこゝろをも、なぐさむるは哥なり。

［真名序］

夫和歌者、託其根於心地、發其華於詞林者也。人之在世、不能無爲。思慮易遷、哀樂相變。感生於志、詠形於言。是以逸者其聲樂、怨者其吟悲。可以述懷。可以發憤。動天地、感鬼神、化人倫、和夫婦、莫宜於和哥。

（それ和歌は、その根を心地に託し、その華を詞林に發するものなり。人の世にありては、無爲なること能はず。思慮遷り易く、哀樂相ひ變ず。感は志に生じ、詠は言に形はる。是を以て逸せる者はその聲樂しみ、怨む者はその吟悲しむ。以て懐ひを述べつべく、以て憤を發すべし。天地を動かし、鬼神を感ぜしめ、人倫を化し。夫婦を和ぐること、和哥より宜しきはなし。(9)

以上のように、七世紀以降の日本語書記の変遷を見てきて言えることとは、当初は漢字のみで記す工夫が様々に試みられたが、表意文字としての漢字だけでは十分な表現能力をもたせることができなかった。具体的に言えば、中国語にはない日本語特有の助詞や助動詞、用言の活用語尾といった、語の一部を形成しつつも多様に変化するところの付属的な部分を何とかして表記する必要があったのである。これには何らかの形で音を表わす手段を用いなければならなかった。そのような表音機能を担わせるために捻出された記号が、音仮名や訓仮名から発展した平仮名や片仮名という方法であった。これらは漢字の表意機能を用いるのではなく、表音のための記号であるから、必ずしも漢字を用いなければならないわけではない。しかし知られている記号としては漢字だけだったので、漢字を借り(借字)、その漢字を極端に略体化した草書体(平仮名)に表音機能を持たせるようになっていった。また、漢字の一部分を用いて表音記号(片仮名)としそれに表音機能を持たせるようにした。ともに借字の略体化という方法によって生み出したものである。かくして日本語の文字体系は表意文字としての漢字と、表音文字としての平仮名あるいは片仮名という文字を混用する漢字仮名交じり文という独自の書記システムを獲得していくのである。

四　甲骨文の中の表音文字（借字）

甲骨文にはどのような事柄が記されているのか。全くご存知でない読者もあるかと思うので、簡単な例文を紹介しながら進めることにしたい。【図11】は白川静『甲骨文の世界』[10]所収のものをお借りした。

①癸酉卜㱿貞、今日王歩。（癸酉卜して㱿《なん》貞《と》ふ、今日王歩せんか。）〔H180〕[11]
②辛丑卜㱿貞、翌乙巳王勿歩。（辛丑卜して㱿貞ふ、翌乙巳　王歩すること勿らんか。）〔H180〕
③貞𠂤不其隻羌。（貞ふ、師は其れ羌を獲ざらんか。）〔H180〕
④甲戌卜㱿貞、今六月王入于商。（甲戌卜して㱿貞ふ、今六月　王商に入らんか。）〔H7775〕
⑤丙午卜賓貞、王入、若。（丙午卜して賓貞ふ、王の入るに、諾せんか。）〔H5179〕
⑥貞、王疒、帚好不隹孽。（貞ふ、王の疒《なや》めるは、婦好　隹れ孽《わざはひ》するならざるか。）〔H17380〕
⑦貞、今夕其雨疾。（貞ふ、今夕其れ雨ふるか疾《やまひ》あるか。）〔H12671〕

①は、癸酉の日に㱿という占卜者〔専門用語では貞人〕が神意を問うた内容を記しているも

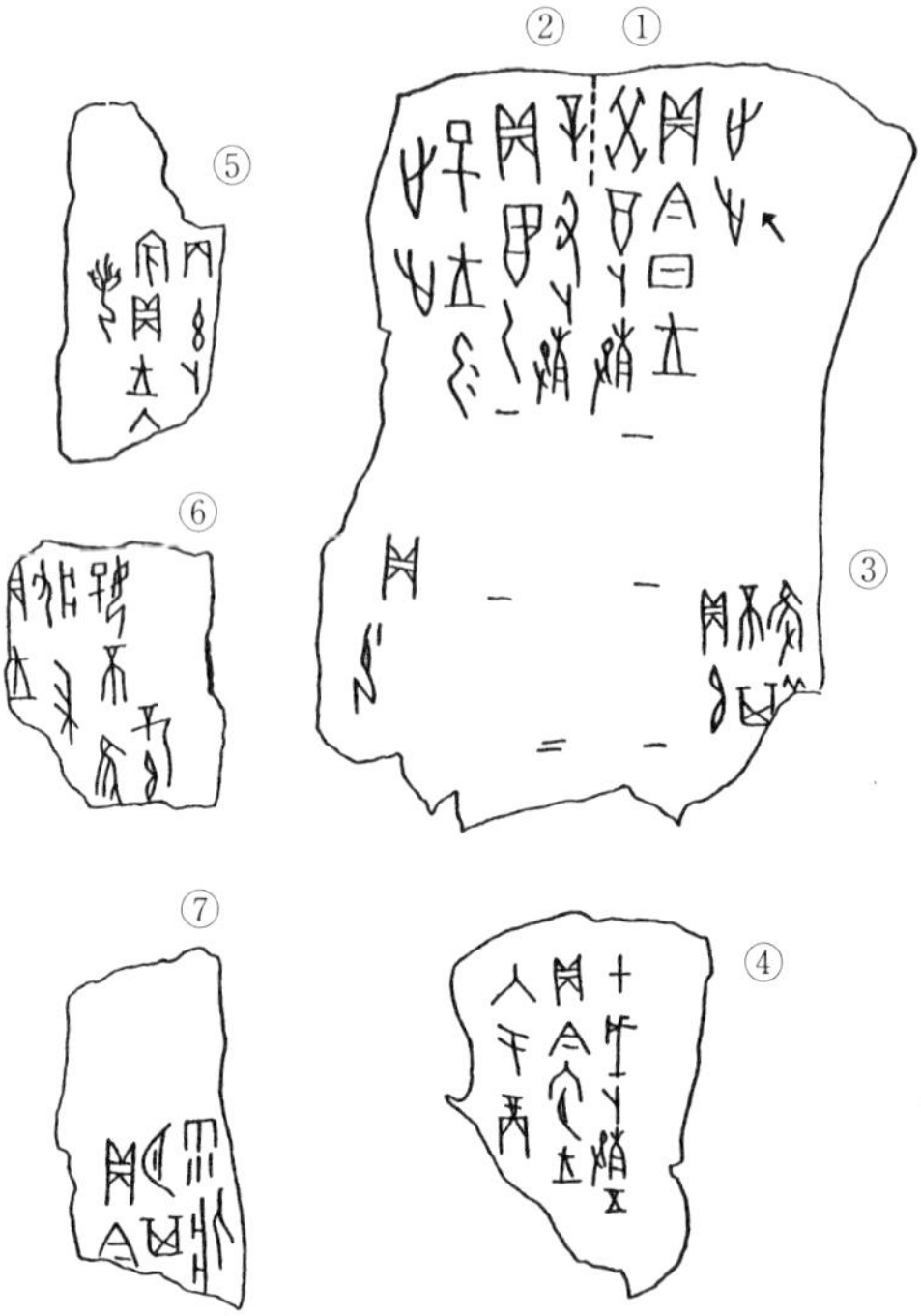

図11　甲骨文の例

のである。その内容は、王が〔儀式を行う所定の場所など〕へ歩しても大丈夫だろうか？　という非常に簡略な書き方である。占卜の場にいる者にとって自明のことは省略されているので、詳細は不明であるが、「歩」はそぞろ歩きであったり、徒歩でそこまで出向くというものではなく、儀礼の一貫としての「歩」があったものと思われる。

②は、辛丑の日に㱿が神意を問うたものである。この場合は「勿」という否定形で問うているものである。別の日の占卜であるが、「歩」することをしない方がいいだろうか？　という問いである。

③は、師（軍隊）が羌族を捕獲しないだろうか？　の意。

④は、この六月に王が商に入城してもいいだろうか？　の意。遠征から戻る際のものかと思われる。
⑤は、賓という名の貞人になっている。卜辞によく出てくる一人である。やはり王が入城する際のものかと思われるが、この場合「承諾」されるかどうか神意を問うものである。
⑥は、王が苦悩する日々が続いた時のことであろうか。これを王の妃の一人であった婦好の仕業かどうか問うているものである。
⑦「今夕」つまり今夜雨が降るのかあるいは何か病むところがあるのか、を問うているもの。

例に挙げた卜辞は単純な構文になっているが、このような短いものの中にもいわゆる表意文字でないものが交じっている。①今　②勿　③不・其　④今・于　⑥不・隹　⑦今・其　がそれである。①は直近の時間を示す「今」、②は打ち消しの意の「勿」、③は打ち消しの意の「不」と助辞「其」、④は「今」と助辞「于」、⑥は「不」と助辞「隹」、⑦は「今」と「其」である。打ち消しの意や時間・助辞は象形の困難な語であるが、口頭では発せられる。打ち消しの意を示す文字には他に「弗」があるが、いずれもその発せられる音を記しているのである。以下、特に断らない限りは、白川静の『字統』や『字通』に示される字源説に従って進めていく。

「弗」は白川文字学によれば、木二三本を束ね縄でまきつけた形、「不」は花の萼柎《がくふ》の形、

「勿」は弓に呪飾を付けて弦を弾ずる形を示す。「勿」の場合、弾弦によって悪邪を祓う意味もあるかも知れず、表意性をもっている可能性もあるが。今は他の二字と同様に見なし、音を借りて語を示す借字と見ておく。以下、例文に出てこなかった文字も含めて借字により表音機能を担っている文字を左に整理してみる。

【方位】

東（）＝ふくろの象形字。

西（）＝荒目の籠《かご》の形。

南（）＝釣鐘形式の楽器（銅鼓）の象形。

北（）＝二人相背く形に従い、もと背を意味する字。

【否定詞】

不（）＝花の萼柎《がくふ》の形。

弗（）＝木二三本を束ね縄でまきつけた形。

勿（）＝弓に呪飾を付けた形。弾弦の象を示す。

【代名詞】

余（）＝把手のある細い手術刀。

我（）＝鋸刃の刃物の形。

之（）＝足あとの形。

【時間】

今（）＝壺などの蓋栓の形。

昔（）＝うす切りの肉片と日に従う。

【助辞】

于（）＝曲がった形を作るためのそえ木の形。

隹（）＝鳥の形。

其（）＝籾殻を選り分ける箕の形。

これらの方位・否定詞・代名詞・時間・助辞などは、言葉としての音はあっても具体的な形を持たないものであるから象形では示しようがない。そこで同じ音をもつ別の語の字形を借りるという手段を用いる。見かけは象形だが表意文字として使われず、表音による表語という使い方である。絵文字の段階で表音機能を持たせるためにはこのような方法を用いる他はないのだが、後漢時代の許慎はこれらを仮借とせずに象形の表意文字として説明をしている。参考のために許慎『説文解字』の説明を見てみることにしよう[12]。

「東」については「動くなり、木に従ふ」として「日の木中に在るに従ふ」としている。この場合の「木」は「榑桑、神木なり。日の出づるところなり」とあって、神木と説かれている。

その神木が東方にあってそこに太陽が昇ってきて照り映えている様を描いたものだとのことである。いかにも神秘的な意味をもった文字のように思えるが、甲骨文では太陽をこのような形に書くことはなくのように書く。東（）は橐（袋）の上下を括った形を示しているに過ぎない。その音「トウ」を借りて「東」の意に用いるのである。音韻学では理論的な推定によりこれを *tuŋ としているようだが、本書では馴染みのある表記「トウ」を用いておくことにする。以下同様に処理するものとする。

「西」については「鳥、巣上に在るなり。象形。日、西方に在りて、鳥西す。故に因りて以て東西の西と爲す」としている。甲骨文の字形には鳥の姿は見えない。篆書の字形（）によっても鳥の姿は見出しがたいが、あえて鳥の形があることにしておいて説明しているように思われる。これも象形による表意文字というとらえ方である。

「南」については「艸木、南方に至りて、枝任あるなり」という南方の草木の枝がしなやかに伸びる意であるとするのだが、甲骨文では篆書の字形「」とは非常に異なり、明らかに楽器を枝に吊り下げた形である。

「北」については「乖《そむ》くなり。二人相ひ背くに従ふ」とある。これは人が背中合わせになっている形で、「背く」の意を表わす説明としてならその通りであるが、このままでは必ずしも北の意味にはならない。これも音を借りた借字と思われる。

このように方位を示す語は具体物をもたないこともあって、いずれも借字の用法である。ただ語源的には「南」のように南方にいた苗族や獠族（現在の壮族・布依族か）を意味する文字もあって、興味深い側面をもつ。

以下は省略するが、方位・否定詞・代名詞・時間・介詞などを示す文字は、許慎のように表意文字として形而上学的な意味をそこに託すのではなく、みな借字の用法をとっている。

甲骨文は象形文字を中心とした表意文字の体系である、というのが一般常識的な認識のようである。しかしながら、実際には表意文字だけで成り立っているのではなく、今し方見てきたように、別の文字の音を借りることによって、意図する語を表わす文字群がある。「」という文字から「トウ」（以下、便宜上日本語の音訓を用いて説明する）という音を感じ、そこから直ぐに頭の中で「ひがし」という語に変換するのであるが、「トウ」という音として読みとるのがポイントである。その意味では一種の表音文字である。表意によって語を表わす文字である前者と区別する意味で、暫定的にこのような表現をとっておくが、厳密に言えば、前者は表意による表語であり、後者は表音による表語である。表意文字も表音文字も一字で語を表わしている場合にはともに表語文字ということになる。しかし新しく語を造り出す場合、「冊令」のように二字の表意文字を組み合わせて一つの語を構成することになる。いわゆる熟語であるが、この場合は「冊」「令」二つの表意文字を組み合わせて別の語を造るわけであるから、漢字一字をもって表語文字というわけにはいかない。一方また後世の語であるが、「踧踖」という語は「シュクセキ」という音が「おそれつつしんで、かしこまる。」の意味をもつ。この場合「足」偏を加えることによって足の動作に関係のある形容語であることを示す。この場合二字でもってはじめて表語しうるのである。近年表意文字のことを表語文字と呼ぶ人が増えてきたと感ずるが、このような二字でもって一語を構成する熟語の用字があることをも考慮して、本書では「表意文字」という言い方をあえて選ぶことにする。一方「表音文字」とした用字は、厳密に言えば他の文字の音を借りて語を表わすわけであるから、「借字」ということになる。許慎『説文解字』にいう「仮借」にほぼ相当するが、許慎の具体的に挙げる仮借字は甲骨文に見えるそれとは必ずしも一致しないので、誤解を避ける意味で採らない。この「借字」という呼称が用字の本質を示していると思われる。以下、本書ではこれを「表音文字」または「借字」という語を用いることにする。

世界の様々な文字と比較すれば、絵文字といってもいい形象をもつ甲骨文の中に、最初からこのような表音の用字法が見られるのは非常に珍しいケースである。甲骨文の特徴として第一に挙げるべき点はこれである。別の言い方をするならば、甲骨文は絵文字レベルの形象であるにもかかわらず、最初から表音機能が備わっていたということである。

文字論の観点からすると、河野六郎氏のいうように「漢字の場合も、エジプト文字の場合も、結局、表音という手段に頼らなければ文字体系が出来なかった。[13]」ということになるが、それは文字の本質が、言語を記録する記号であるという点にあるからである。甲骨文は誕生した最初の段階から文字体系の必要条件を具えていたからこそ、文字体系に根本的な変化が起きずに継承されていったと考えられる。

我々の用いる日本語は仮名が考案されたことによって表音機能を持たせることができるようになったが、平仮名はもとはといえば漢字の草書体を表音文字に転用したものである。しかも極端に略体化することによって、本来の漢字と区別できるようにした。こうして、日本語の表記に最も適した漢字仮名交じり文という表記方法が生まれていくのである。しかし甲骨文では象形文字という言葉に示される通り、事象を描き出す一種の絵文字のようなものであるから、極端に略体化するわけにはいかなかったのであろう。それで同音で別の語を示す字形を借用するという手段が採られた。くどいようだがここでもう一度押えておきたいことは、甲骨文という書記システムが単なる絵文字や表意文字ではなく表音文字をもつということである。しかもその表音文字を象形文字の中でまかなうために、同音の語を示す文字を借用するという手段を選んだということである。絵文字といってもいいような象形文字の中で表音文字を創出する方法としてはこれしかなかったであろう。逆に言えば、象形文字の世界であるからこそ、別の文字に表音機能を持たせるほかはなかった、ということになる。さらに一歩進んで言うならば、そのようにしてまで言語を文字で記さなければならない事情があった、ということができるかも知れない。今考えようとしているのはこの問題である。

五　祭祀言語（雅語）と甲骨文（卜辞）

甲骨文は占卜内容を記録したものであるから卜辞と呼ぶことがある。ここからは話題の関係で卜辞という語も適宜使うことにする。卜辞は内容によって様々な様相を呈してはいるが、文章として見た場合一定程度の形式がある。いわば卜辞の文体がある。前掲の卜辞以外にも「癸丑卜大貞、旬亡囚。六月。（癸丑卜して大貞ふ、旬に囚《とが》亡きか。六月。）」［H26643］、「壬辰卜旅貞、今夕亡囚。才三月。（壬辰卜して旅貞ふ、今夕囚亡きか。三月に在り。）」［H26303］のように何月かを最後に記すこともある。しかし西周時代の金文が冒頭に「隹廿又二年。四月既望己酉。」《庚嬴鼎》と年月日を記すような紀年形式の例は卜辞にはない。金文でも殷末のものは最後に「在四月、隹王四祀（＝年）、翌日。」としているのは殷式の紀年形式である。これは殷王朝・西周王朝それぞれの祭祀言語の形式をもっていたことを物語るものと思われる。西周王朝はもともと固有の文字を持たず、殷代最末期のいわゆる殷周革命前後から文字を使いはじめるのであるが、[14]殷系の諸族を受け入れることによって殷の文字を使うようになった。[15]文字は同じものを継承したが、祭祀言語に関しては西周王朝固有のスタイルがあったものと思われる。それを文字で書記する際には西周王朝の文体で記されるということであろう。令𣪕・班𣪕・大盂鼎・大豊𣪕（天亡𣪕）などに韻を踏んでいることが白川静によって指摘されているが、[16]西周時代の金文が祭祀言語としての韻律を具えていたことを何よりも示すものであろう。

卜辞の文体を整理してみる。冒頭に占卜を行った日付を「癸丑」のような干支で記す。次いで貞人の名を記し、卜する内容を記す。この分野ではこれを「命亀の辞」と呼ぶ。その後、吉凶を判断する語句（繇辞《ようじ》）が記される場合もあり、また時にはその判断の結果が、その後の事実と一致したことを記す（験辞）場合もある。文言の多寡はあっても、この順序で記される形式に大きな差異はない。占卜の記録がこのような一定の形式をもっているということは、占卜行為が、儀礼として一定の形式をもっていたことを意味していると思われる。甲骨文に記された言語は口頭言語ではなく、文字言語だとする解釈が存するが、文字が発明されれば、口頭言語とは次元の異なる文字言語がいきなり成立するかのような論理になってしまって、いささか速断気味の解釈のように思われる。これは以下に述べる祭祀言語（雅語）を想定しないがために、漠然と文字言語という考え方を選んでしまったものであるが、そのために言語と文字との関係を考える契機を失ってしまうのである。

一口に口頭言語といっても、いわゆる日常的な話し言葉と、儀礼や祭祀の際の特殊な言語とがあるので、「口語」や「話し言葉」という紛らわしい用語は避けておく。文字を持たない部族でも一定程度の発達を遂げた部族（民族）であれば、「口語」や「話し言葉」とは別に祭祀言語があることを、西田龍雄氏は『文字贔屓』の中で具体的な例を挙げて述べている。(17)

［西田］　これはちょっと面白いと思うのですけれども、文字をもたない中国の少数民族ね。話し言葉しかもたない。しかし、その話し言葉しかもたない民族にも、口語と文語的なものがあるわけです。歌謡には古い文語的なものをもってくる。それは一般の口語の語彙とは違うんだということね。そういうことがあり得るんですね。

［河野］　それはぼくは金田一京助先生から講義を受けた、ユーカラのアイヌ語と口語のアイヌ語とは違うというのと同じ。つまりフォーマルな言葉というか、みんなの前で祭りをやるでしょう、そういうときの言葉と民衆の普通の言葉とがある。どこでも必ずあるのじゃない、そういうのは。それで、文字ができたとき、民衆の言葉は使わないで、ユーカラ的なもの、あるいは経典の翻訳のこれは口伝てに伝わってきたようなものね、そういうものがあったら、それを文字にする。いきなり文字ができてすぐ書けるというものじゃないからね。

［西田］　ところが、西夏文字の場合は、だいたい六千数百字あって、はっきり公布したのは一〇三六年です。ところが、そのできたときに、すでにその中に文語的なものと口語的なものと、両方とも入っているんです。

［河野］　そうですか。

［西田］　文語的なものというのは、全く文語でしか使わないようなものですね。口語じゃない。その系統はわからないけれども、西夏語の語彙にはその二つの層がある。それ

ぞれが、見たところは文字の形からはどちらかわからないんです。字形は全く同じ原理で創られていて、表面的には区別できないけれども、その二つが含まれているんですね。（一一七頁）

アイヌ語に雅語と俗語、文語と口語とがある点については、アイヌ文学の研究者が重要事項として取りあげているが[18]、前述の西田氏によっても興味深いことが述べられている。

文学の起原は、詩だ、散文だ、と喧しく論議せられることであるが、此もアイヌ生活に於て見る限りは、改まつた詞はすぐに律語に収まり、節附けになつて宛然歌の形で表現される。祝儀・不祝儀の辞令、酋長同士の会見の挨拶など、そのほか、日々の祈祷の詞もさうであり、炉ばたの昔譚でさへもさう。況んや神々の長い物語や、祖先の英雄の武勇伝などもみなさうである。甚だしきに至つては裁判事件のやうな騒ぎの論判でさへも雅語で述べられ、吟詠の姿を取るものである。いはゞ、実用の談話以外の言語表現は、皆節附きだと云つてよい。此の事は、意見でも、論議でもなく、たゞありのまゝの目前の事実である。（金田一京助『アイヌ叙事詩　ユーカラ』「解説」九〜一〇頁）

ですから、民族の歴史が古ければ、書き言葉、文語的なものが、必ずしも文字ができてからでないと発達しないとは限らんということですね。文字ができる、できないにかかわらず、どんな民族も文語的なものを語彙の上で弁別し得た。それが民族の儀式を行なう上において必要であった、あるいは文学的な表現のために必要だった。だからそのような言葉の層は文字があるなしにかかわらず発達し得た。そのような事実は、本来は言語の混合に由来して、民族の混合と関連するのではないかと考えています。（西田龍雄・河野六郎『文字贔屓』一一七〜一一八頁）

最後に記された「そのような事実は、本来は言語の混合に由来して、民族の混合と関連するのではないか」という考え方は、文字誕生の背景を考える場合にも有益だと思われる。西田氏はその後も、「文語的なもの」、「話し言葉から遊離した文章語」、「文学的な言葉」、「文章語的な表現」、「雅語」、「文語」、「書写語」と実に多様な表現を用いて、その意味するところを伝えようとしている。私なりに別の説明の仕方をするならば、人間の生活の場を日本語で「ハレ（晴れ）」と「ケ（褻）」という言葉を用いて区別するのに近い。そのような含みをもたせて「ハレの語」と「ケの語」と言い方をしてもいいだろう。西田・河野両氏の話しの中にも出てきたように、この中には口頭伝承である歌謡なども入ってくる。これも日常的な話し言葉と明らかに異なる言語だからである。『論語』の中に、「子所雅言詩書。執禮皆雅言也」（子の雅言する所は詩・書なり。執禮も皆雅言するなり）（「述而」篇）という形で出てくる「雅言」もそういう意味での祭祀言語であろう。孔子の時代に文書化されていたと推測される文献は、『論語』や『春秋左氏伝』の記述を見る限りでは、『詩（詩経）』『書（尚書）』『易（周易）』『礼（礼記）』などであるが[19]、いずれも非日常的な言語場いわばハレの場で発せられた言語を記録して成ったものと思われる。これらは文字が誕生した後も記録されることなく、何百年もの間、そのような場で用いられ口頭で伝承されてきたものである。このことは口頭による祭祀言語のもつ一種の記録性[20]を物語ると同時に、口頭言語の根強さをも物語るものと思われる。その点で、表意文字を主とした文字体系をもつ漢字文化も[21]、世界の文字文化の中の例外ではないと思われる。

以上の考察から分かるように、甲骨文とはこのような意味での祭祀言語を記録したものだということである。非常に簡潔に記されていることから、文字言語と見なされる向きが多いと思われるが、儀礼の際の言語が簡潔であることを反映しているものと思われる。

世界的に見て、文字誕生後も口頭言語の世界が根強く残るのが普遍的現象である。ギリシア文字が誕生した後も二百年間はテキスト化されることなく、口承の叙事詩として一層の発展を遂げた『イーリアス』などの例もあるように、文字誕生後も口頭言語の豊かな世界は長く続くのである。このような考え方は、この方面における近年の研究成果を導入したもので[22]、従来の甲骨文・金文を対象とした古文字学では全くと言っていいほど視野に入っていなかった発想である。甲骨文の出現が文字言語の誕生であるかのように考えてしまうのは、漢字が実際以上に表意文字であると思いこんでいることに起因する。前述したように、甲骨文は象形による表意文字を主としながらも、借字という一種の表音文字なしには文字体系ができなかった。
中国語は言語の類型的分類では「孤立語」に分類される。孤立語とは「単語は実質的意味だけをもち、それらが孤立的に連続して文を構成し、文法的機能は主として語順によって果たされる言語」(『大辞泉』)のことをいう。[23] その点で屈折語に分類されるインド・ヨーロッパ語や、膠着語に分類されるトルコ語や日本語・朝鮮語とは文字の使い方に大きな差異があるのは当然のことである。類型的分類の仕方を掲げておくことにする。いずれも『大辞泉』の簡潔明快な説明による。

屈折語=単語の実質的な意味をもつ部分と文法的な意味を示す部分とが密接に結合して、語そのものが語形変化することにより、文法的機能が果たされる言語。インド・ヨーロッパ語やセム語族の諸言語など。

膠着語=実質的な意味をもつ独立の単語に文法的な意味を示す形態素が結び付き、文法的機能が果たされる言語。フィンランド語・トルコ語・朝鮮語・日本語など。

抱合語=さまざまな要素を連ねて、内容的には文に匹敵するような長い単語を形成しうる言語。エスキモー語やアメリカインディアン諸語など。

孤立語=単語は実質的意味だけをもち、それらが孤立的に連続して文を構成し、文法的機能は主として語順によって果たされる言語。中国語・チベット語・タイ語など。

屈折語のように語形が変化すると借字だけではすまないので、変化を微細に表現するための専用の表音文字が必要になってくる。また膠着語に分類される日本語のように、語尾が意味に応じて変化する用言（動詞・形容詞・形容詞）や助動詞を表現するための専用の表音文字がやはり必要になってくる。この点で中国語とは根本的に異なる。借字による表音という手段は、語形や語尾の変化がなく、主に語順によって文法的機能を果たす性格をもつ中国語が、必然的に選んだ表語方法であって、この言語形態が他ならぬ書記システムとしての文字体系が発展する方向をも規定しているのである。いわゆる『詩』『書』『易』『礼』などの口頭伝承の古典を記録した春秋時代から、さらに戦国時代に入って輩出しはじめた思想家たちの口頭弁論を記録

原　形	過去形	過去分詞
awake	awoke	awaked
bear	bore	borne
begin	began	begun
blow	blew	blown
break	broke	broken
choose	chose	chosen
do	did	done
draw	drew	drawn
drink	drank	drunk
drive	drove	driven
eat	ate	eaten
fall	fell	fallen
fly	flew	flown
get	got	gotten
give	gave	given
go	went	gone
grow	grew	grown
know	knew	known
mistake	mistook	mistaken
ride	rode	ridden
rise	rose	risen
see	saw	seen
show	showed	shown
sing	sang	sung
speak	spoke	spoken
swim	swam	swum
take	took	taken
throw	threw	thrown
write	wrote	written

図12　英語不規則動詞変化表

する時代になると、口頭で発せられた多彩な言語を記録するための文字が大幅に増加していく。この弁論術の発達にともなって使用語彙も増加していくのである。雅語ではなかった言葉を表現するための文字が必要になってくる。その時、形声（借字と限定符）や会意（表意字と限定符）のような合成字の方法によって新字が創出されていくのである。この造字法については次章で改めて述べることにする。

	語例	未然形	連用形	終止形	連体形	已然形	命令形	活用
動詞	書く	書か	書き	書く	書く	書け	書け	四段活用
	死ぬ	死な	死に	死ぬ	死ぬる	死ぬれ	死ね	ナ行変格活用
	有り	有ら	有り	有り	有る	有れ	有れ	ラ行変格活用
	来	こ	き	く	くる	くれ	こよ	カ行変格活用
	見る	見	見	見る	見る	見れ	見よ	上一段活用
	落つ	落ち	落ち	落つ	落つる	落つれ	落ちよ	上二段活用
	蹴る	け	け	蹴る	蹴る	蹴れ	蹴よ	下一段活用
	立つ	立て	立て	立つ	立つる	立つれ	立てよ	下二段活用
形容詞	高し	高から	高く 高かり	高し 高かり	高き 高かる	高けれ 高けれ	高かれ	ク活用
	美し	美しから	美しく 美しかり	美し 美しかり	美しき 美しかる	美しけれ	美しかれ	シク活用
形容動詞	静かなり	静かなら 静かに	静かなり	静かなり	静かなる	静かなれ	静かなれ	ナリ活用
	堂堂たり	堂堂たら	堂堂たり 堂堂と	堂堂たり	堂堂たる	堂堂たれ	堂堂たれ	タリ活用

図13　用言活用表

第二章　文字と言語

一　甲骨文の文字構造――図象文字・借字・限定符

前章で甲骨文の文字構造に言及したことを踏まえて、文字構造に関する基本用語を整理しておきたい。最初にはっきりさせておかねばならないのは、許慎が立てた六書というものが、その時代に用いられた文字の形象をもとにしたカテゴリーであって、甲骨文の字形に即したカテゴリーではないということである。許慎は殷代に生まれた甲骨文を知らなかったばかりでなく、西周時代や春秋時代に用いられていた金文すら知らなかった。見ていたのは古い文字でもせいぜい戦国時代の「古文」と呼ばれる文字であった。時間にして戦国時代の「古文」では五百年前後、甲骨文なら一二〇〇年以上もの隔たりがある。この長い時間の経過によって文字の形は大きく変化していた。戦国時代中期とされる楚の竹簡に「字書」があるとの情報がある。未発表であるため具体的な分類の仕方を見ることができていないが、伝え聞くところによると、中国の学者は部首の存在を想定しているとのことである(1)。部首と呼ぶべきものかどうかを考える前に、部首とは何かということが先ず問題にされなければならないが、後述するように、本書では部首という曖昧な要素をもった用語を避けて限定符という語を用いる。限定符とは意味的なカテゴリーの差異を示すために付加する記号的なものである。例えば「」という貞人名と異なることを示すために、「」という限定符を加えて「」とし、洹河（殷墟を流れる河）を意味する文字であることを示すのである。しかし象形文字段階の文字であるから限定符も象形的なものである。前述の「字書」なるものが文字を分類したものだとすれば、そのような意味のカテゴリーによって分類されているのではないかと推測する。見た目は後世の部首に見えるため、部首という語も飛び出してくるのではないかと推測する。戦国時代中期の楚簡を見ていると、甲骨・金文の時代と比較して文字が非常に増加し多彩になっている。これはそれまで口頭言語の世界にとどまっていた語を文字として表現するようになったからである。それまで表示できなかった語の表示が、限定符を積極的に用いることによって可能になったわけである。

しかし前章で詳しく述べたように、甲骨金文の時代はまだ図示や図象の方法によって言語を記録する時代であった。そのような方法から抜け出していく要素はもちろん内包していたが、それは補助的な手段として用いられていたに過ぎなかった。主な表語の方法は表意文字としての図象文字と、表音のために他の文字を借りる借字であった。ここでは象形的な文字段階にある甲骨文の文字構造をこれらの要素でもって整理することにする。

1 図象文字という概念

ここで図象文字と呼ぶものは、許慎の立てたカテゴリーでは「象形」「指事」と呼ばれていたものである。「象形」は物事・事象の様子を描く文字である。言い換えれば何をしているところかを描いている文字である。その意味であえて絵文字と読んでもいいのであるが、図象文字とした。図示しているとも言える側面があるので図示文字としてもよいが、図象文字の方が図示の意味をも含むと考えて図象文字とした。この言葉は殷代の青銅器に刻られた図象標識を連想させるものがあって、抵抗を覚える向きもあるかも知れない。青銅器に刻られた図象標識は文字ではなくて品部的な職能集団を示す徽章的な記号ではないかという有力な説[2]があるからである。しかし青銅器に刻られた図象標識とされるもの以外に、次頁に掲げるような甲骨文の中に用いられている字形と同じものも少なからずある。

このことからすると、青銅器の図象標識が職能集団の徽章的な記号を示すものという解釈だけでは十分ではないかも知れない。青銅器の図象標識の方が細部の具象性が高い場合があるのは、それを描くためのスペースが大きいことによるわけで、これらが文字ではなく徽章であるとまで言いうるかどうかに私は疑問を持ち始めたということである。仮に職能集団を示す図象であったとしても、その職能を示す言葉を記した文字と考えられるかも知れないということを考え始めたわけである。が、この点については私はまだ自分の意見を提出するだけの分析ができていないので、ここでは判断保留ということにしておきたいと思う。ただこの中でも特に用

史・戈・子・魚・受・天（大）・聿・鼎・車・束・册・匿・木・需・萬・又・旅・告・
克・興・弔（叔）・伐・先・鼓・禾・甴・東・字・夨

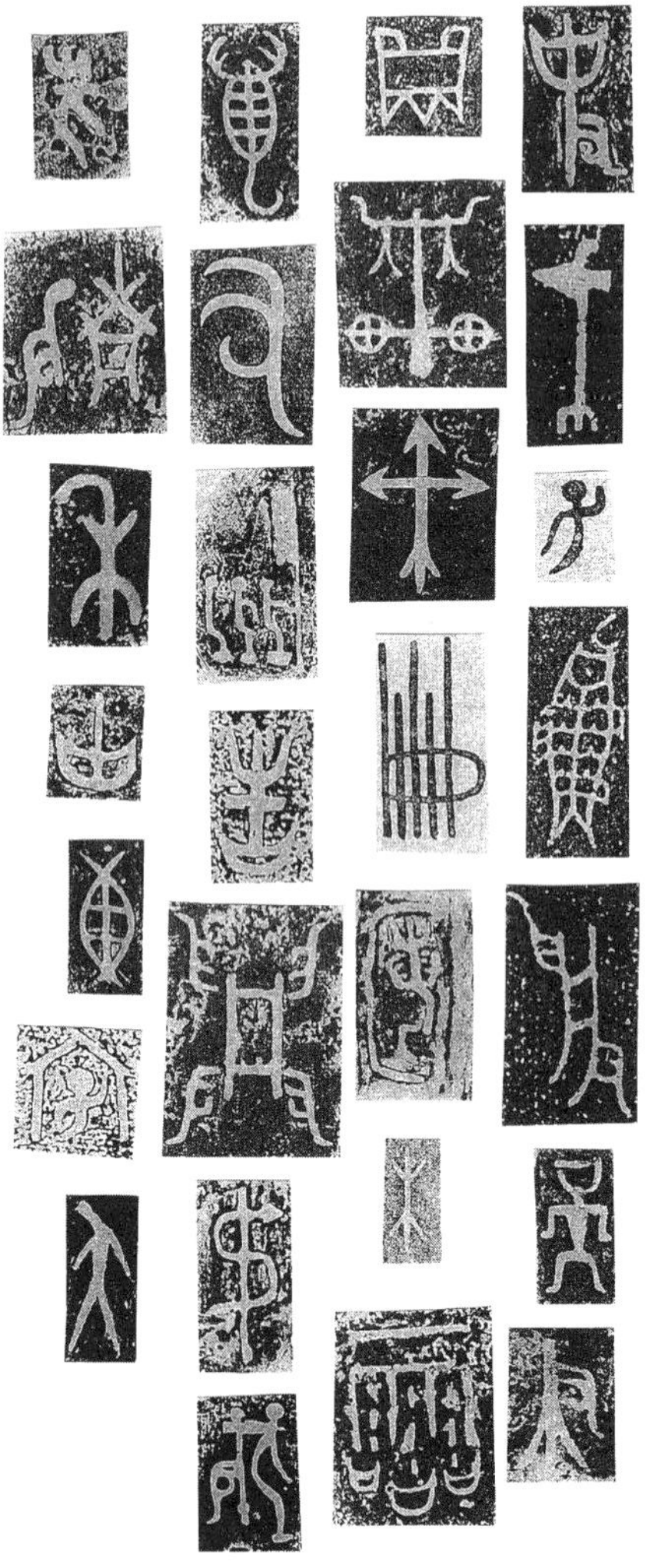

例が多いのは、「史」「戈」「子」「魚」である。とりわけ「史」（六三例）と「戈（五七例）」は突出して多い。「史」が白川のいう史祭を担当する職事を示す言葉、「戈」が最も基本的な武器

を示す言葉であることからすると、祭事と武事とを代表するものとも捉えうるが、今その問題を追求する余裕はないので、ここでは保留しておきたい。次に青銅器に刻られた図象標識を見ていただこう。

このように、何であるかを絵で示しているもの、何をしているかを描いている一種の記号、というより絵文字的なものであるという点で、同じ表現レベルにあると考えられる。また何をしているのか具体的な意味になると分からない絵文字がかなりある、という点でも同じである。何かをしているところを描いていることは分かりながら、具体的な意味になると我々には分からないだけのことであって、何かを描いていることは認識できるということである。当時の人たちには分かっていたであろう。自明のことは省略しても差し支えなかったはずだからである。そういう意味ではある程度の抽象化・捨象化が行なわれている。ある程度の抽象化がなされているのは、言語を記録するための記号に用いるには必要な処置だったのではあるまいか。もしも十分なスペースを用いて描くのであれば、抽象化の度合いは低かったであろう。エジプトの

ヒエログリフは甲骨文よりも抽象化の度合いが低く、そのために絵文字と呼ばれることがあるが、言語を記録する記号として用いられようとしたという点では同じである。ただし、表音機能がまだ整わず文字体系の要件を満たしてはいなかった。この点では甲骨文とは異なる。このことはまた、甲骨文の字形と金文の字形とを比べても分かることである。甲骨文よりも金文の字形の方が描写性は高い、つまり抽象化の度合いは低い。そのことによって字源を考える場合には大いに参考になるということは文字学者のよく知るところである。

2　指事概念の検討（指事概念の解消）

次に「指事」を「象形」と一括りにして図象文字とした点について述べることにする。かつて白川は「象形と指事との関係はかなり微妙である。[3]」と書いたことがあるが、そのとおりである。ここでは具体的な文字に即して進めることにする。『説文解字』が指事字とした文字は、上・下・本・末・彡・一・二・三・四・六・八・十・廿・百・夫・比・毋・事・造・象・｜・刃・指・掌である。このうち、甲骨文にまだ使われていない「本・末・彡・｜・刃・指・掌」をここでは除外する。また甲骨文では借字（仮借）ないし図象文字になっている「夫・比・毋・事・造・象」も除外しておく。そうすると残る文字は次のようになる。

二（上）・二（下）

一（一）・二（二）・三（三）・亖（四）・㐅（五）・∩（六）・八（八）・丨（十）・卄（廿）・
百（百）

これらを更に図象文字と借字とに分類することができるが、そのうち「百（百）」のように、借字「白（白）」に数字であることを示すための限定符「∧」で加工し（後述）、「一」を加えた文字がある。ただし、厳密にいえば「一百」であるから合文というべきものである。それをまた別のグループとして分類する。これらの文字構造を次のように分類して説明していくことにしたい。

①図象文字（数字以外）……丄・丅
②図象文字（数字）……一・二・三・亖・㐅・丨・卄
③借字（数字）……∩・八　（参照文字）……十・七・[illegible]
④借字＋限定符（数字）……百　（参照文字）……[illegible]

【①図象文字（数字以外）】

これらの文字は指事文字を説明する際によく用いられ、『説文解字』序にも「指事なる者は、視て識るべく、察して意を見る。上・下是れなり。」とあるとおりである。

上（）は掌を上に向け、その上に点を加えて上という位置を示す形である。
下（）は掌をふせ、その下に点を加えて下という位置を示す形である。

これらは現代の言語感覚でいえば図示とでもすべき文字であることが分かる。甲骨文はこのようにある程度抽象化された絵文字でもって図示する場合がある。これは白川が象形ではなく会意とした文字についてもそのような理解の仕方ができるはずのものである。後ほど改めて述べるが、例えば「受（）」を会意としているのはいかがなものか？　これは盤のごときものを受け渡し（授受）する場面を描いている文字であって、二つの「手（又）」字形と盤とを組み合わせて文字を作り出したという認識をもつべきものではない。白川の言葉に従えば、場面象形あるいは全体象形ということになる文字である。これを会意と見なしてしまうと、会意字だが文字全体としては象形だという苦しい説明になってしまう。会意であり象形だなどという説明では、会意というカテゴリーを立てる意味がなくなる。単に象形文字として使われる字形が、その中に組み合わされているのを見出すことができる、ということを言っているに過ぎないのである。ここは文字全体で何を描いているのかという風に捉えるべきところである。このような噛み合わないカテゴリーを立てる矛盾を解消するために、本書では図象文字というカテゴリーを立てたのである。あえて絵文字という言葉を使ってみるのは、そのような混乱を防ぐためである。

【②図象文字（数字）】

一（一）・二（二）・三（三）・四（亖）は、算木を横に並べて数を示したものである。これらは象形としてはいけないのだろうか？　白川は「記号的な表示」だとする。そして許慎に合わせて指事だという。「記号的な表示」は図示と言ってもいいのではないか。

五（X）は、算木を交叉させた形である。ローマ数字ではこれを十の意味で使う。交叉させた形を五とするか十とするかは、あくまでもその共同体の約束事であり、いわば恣意的な要素をもつ。

十（|）は、算木を縦にした形である。なぜ縦に置いた形を十とするのかは、五の場合と同様に共同体の約束事であり、恣意的なものである。

廿（||）は、算木を二本縦に並べた形であるが、時には斜めにして∨字形のように書く場合もある。実際にそのような形に並べることもあったのだろう。また第五期になると「凵」やそこに横棒を加えて横切らせる「ㅂ」のような廿の前身に相当するような字形が出てくる。ただ「ㅂ」のような形に見えるので「口」字と間違う人もあるほどである。

【③借字（数字）】……六・八　（参照文字）……七・九・萬

六（∧）は、介や∧のように書くこともある。いずれも廟屋などの形を表わしている。表意文字ではなさそうなので、廟屋を示す語の音を借りたものと思われる。

八（八）は、左右に分かつ形に描く。

以下の三字は許慎は指事としていないが、数字には借字が多いことを示す参考材料となる。

七（十）は切断した骨の形。

九（〓）は龍の形。

萬（〓）は虫の形。サソリ（蠆）という捉え方もある。


【④借字＋限定符】……百　（参照文字）……〓

百（〓）は、「声符である白の上に一横線を加えた形」とされる。厳密に言うと「白」ではなく「白（〓）」字に「∧」を加えた字形になっている。「∧」は六を示す字形でもあるが、ここでは数字であることを示すための限定符の役割を果たしている。白の音を借り限定符「∧」を加えた形のその上に、算木の「一」を加えて「一百」とする合文である。日本人は「百」一字で一〇〇を意味すると考えがちだが、中国語では「一百」というのが一般的である。このように二字で一語を示すものを合文と呼ぶ。金文には「二百（〓）」も見え、合文になっている。

千（〓）は、人の形に横線を加えた形である。百の場合と同じように、この横線は算木であろう。「人」を借字とし、数字を示す限定符である算木「一」を加えて数字の千であることを示したものと思われる。「百」字の場合と同様に、言語に即していえば「一千」と釈文出来るところで、一字形で二字（一語）を示している。「二千（）」「三千（）」の場合も同じである。数を示す「一」「二」「三」が「人」字形に加えられることによって、「人」字形が借字であることが示され、「千」を意味する文字として読まれるのである。他と区別するために加えられた字形を限定符と呼んできたが、この概念規定からすると、・・の「一」「二」「三」は限定符であると同時に、数字をも示している。いわば一字形で二つの役割を果たしていることになる。

以上見てきたように、許慎が指事というカテゴリーに分類した文字には、図示的な形象の文字が多い。図示的な形象の文字も本書では図象文字のカテゴリーに入れる。また、六・八のように図示しえない場合は借字を用いる。あるいはまた「一百」「一千」のように借字に数字を示す限定符を加え、合文の形で表語する場合もある。

甲骨金文を知らなかった許慎の立てた会意というカテゴリーは、甲骨金文を知っている文字学者からも、はなはだ曖昧な扱いを受けてきたことが分かる。これは許慎『説文解字』の六書の呪縛から脱していないことから来るものである。

3　借字という表語法

借字については第一章で具体的に述べておいたが、ここで改めて別の角度からその機能を整理してみたいと思う。文字を借りた表語は、語として認識されるまでに次のような迂回路をたどる。例えば「東」という語を例にとろう。東という語はという文字で表わす。この文字は橐（袋）の形を示したもので「トウ」という音をもつ。「トウ」という音を示すことによって「ふくろ（橐）」ではない同音の別の語である「東」を示すということである。これは口頭言語の世界でも日頃から同音の語であることが意識されていたのであろう。あるいは言葉遊びや洒落の世界でしばしば口にされる関係にあったかも知れない。おそらく何らかの下地があって暗黙裡に通じる関係にあった言葉たちであったに違いない。それで「橐」を示す字形を見ると直ちに「東」を連想するという習慣があったものと思われる。その認識過程を図式化してみることにする。

の字形を見る

↓

「ふくろ（橐）」を認識する

↓

トウという音を脳裡で聞く

↓

「東（ひがし）」という語を連想する

もう少し厳密に見てみると、「ふくろ（橐）」を認識した際にそれが「ふくろ（橐）」の意味で用いられていないという別の判断が必要である。それは何に基づいて判断できるだろうか？一つは文脈であり、いま一つは字形を「ふくろ（橐）」の意味では用いないという約束や取り決めがあることである。前者は、方角であることを示す文脈の中で用いられているという判断ができやすいような文字が選ばれているのではあるまいか。つまり同音でも紛らわしい語を避けるという工夫である。これは日常的な話し言葉の中で十分な経験が積まれていれば適切に選ばれることになる。実際今の漢字を使って表示する場合でも、例えば「艮、東北之卦也。」（艮は、東北の卦なり）と書くべきところに「艮、橐北之卦也。」などと書かれていたら、それが間違いであることが直ぐに分かるであろう。後者については、甲骨文のが橐の意味で用いられることがないことから、そのような約束事があったことが分かる。このようにして「」という借字による「東」という表語が行なわれているのである。文字とは言語を記録する記号であるという概念規定を繰り返してきたが、文字の機能は要するに表語である。そして表語ということは音をもつということでもある。これは表意文字とされる象形文字の場合にも音をもつということである。自明のこととは思うが、表意文字とされる文字による「山」という語を使ってその認識過程を図式化してみよう。

の字形を見る

↓
「山」という語を連想する
↓
ヤマ（サン）という音を脳裡で聞く

「ヤマ（サン）」という音を脳裡で聞くという過程を省略してもよさそうなところだが、それは漢字を使い慣れ目視するだけで意味を理解する社会に棲息する者の発想であって、甲骨文が生まれた社会は口頭言語の世界であった。したがって必ず語のもつ音を意識するはずである。直接には音を示す文字ではなくても、表語という文字本来の機能がそうさせるのである。ゆえに表意文字とされる漢字にも必ず音があるのである。ただしそれはあくまで脳裡で聞く音ではあるのだが。

このように見てくると、借字という手法は象形文字を借りてはいるが、表音という手段によって表語を実現しているという意味で、絵文字のレベルから記号的な文字のレベルへと一歩踏み出しているということができるだろう。白川が「文字は象形から出発するが、象形を超えるところに成立する。(4)」という言い方をしていたのは、このようなことを言おうとしたのではあるまいか。

4　借字＋限定符

借字による記号化という手段によってまた別の道が開かれる。それは借字に限定符を加えることによって、新たに表語の手段を加えることである。これは後に形声と呼ばれる造字法へと発展していくが、甲骨文段階ではまだ部首という概念はない。例えば王の自称である「（余）」に限定符「」を加えた「」という文字があるが、これは水名（川の名）である。発音だけを表わすのであれば、「」字形で十分なのである。しかし同じ「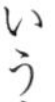」という文字で一方が王の自称、もう一方が水名を示すというのでは混乱が生じる。そこで王の自称を示す「」とは別の語であることを明示するために、「」を加えて差異化をはかり「」という文字にする。いわば差異化のために補助的に用いられる表語の手段である。これを形声としてしまうと、後世の形声文字とは随分趣きが違うため混乱が生じる。造字法としての形声は、文字が甲骨文・金文の時代から遠く離れ、部首という概念が共有されるようになり、記号的な段階に入った時に創出された造字法と考えられるからである。このことを物語るのが、前述した数字の百や千において加えられた横棒の限定符である。繰り返しになるが、もう一度字形を見てみよう。

百（）は、白という借字に数字を示す限定符「」を加え、さらに「一」を加えて「一百」とした。本来は合文の形である。千（）は、人という借字に数字を示す限定符「一」を加えた形である。口頭言語の世界では「百」や「千」と同音の「白」や「人」という文字を用

いながら、数字を示す限定符「一」を加えることによって、他の同音の語と区別することを実現しているのである。借字でありながら単なる借字ではなく、表意的な文字に転成している。このような手段を用いて表意的な文字を創出すると、借字であったことも忘れられていく可能性がある。このような文字を私は準表意文字と呼びたいと考えている。

5　甲骨文の固有名詞に見える限定符

当初は私自身もご多分にもれず、甲骨文にもすでに偏や旁の観念つまり部首という考え方があったような気がしていた。ただしこれは字形を眺めながら漠然とそのような気がしていたということであって、それ以上のものではなかった。しかし漠然としたままそのような考え方を先行させて議論を立てるのは適切な進め方ではない。それで部首という意識をもって作られたかも知れないと思われる文字に一々当たっていった。部首か限定符のいずれであろうか？　という問題意識で分析していったのである。その過程で部首かも知れないと思われたものが、ほとんど限定符であることが分かった。私の用いる限定符の概念は、他の文字（語）と区別するために補助的に付加された符号的な文字である。差異化のための符号といってもよい。先ほどとは別の例で説明してみよう。甲骨文は占卜を記録したものであるが、占卜の際に神意を問う役割をする者を貞人という。その貞人に「（亘）」という名の人物がいる。また殷墟を流れる河の名前を「洹河」といい、甲骨文では「」に「」の形を加えて「」「」「」のよ

うに記す。貞人の「」と区別するためである。しかし「」を加えないで、「貞不其雨」［H3809］のように「」としている場合もある。おそらく誤解の余地がないと思われた時には省略するのであろう。また「（宣）」のような場所を示している場合は、「」を加えるのである。この場合も「」や「」と区別するために加えたものである。このような形で差異化するための符号を限定符と呼んでいるのである。符号そのものは象形であるから部首と結びつけたくなるが、要はそれがどのように用いられているか、ということが焦点になる。省略することもあるものを部首と呼ぶことはできない。以下、部首かも知れないと見当をつけた文字について説明を加えることにする。

当初部首かも知れないと思われた字形要素は、（木）・（牛）・（馬）・（水）・（女）・（雨）・（隹）・（虎）・（豕）・（犬）である。これらの字形要素をもつ文字がほとんど、人名や地名・部族名・方国名といった固有名詞であって、名詞や動詞・形容詞といった一般的な語彙を示す文字ではないということである。固有名詞にはそれぞれ固有の音がある。そこでその音を示す字形要素つまり借字を記し、そこに限定符を付加した字形にして固有名詞であることを明示するという方法をとるのである。こうして甲骨文に部首が存在するかも知れないと思われた考え方が、実際的ではないことが明らかになったのである。以下、字形要素ごとに見てみよう。

【氵（水）関係字】……意味がある程度推測できるもの。

さきほど例に挙げた「洹」は水名で洹河のことであるが、水を限定符とするものには地名と思われるものが多い。「水」が付加されていても用例からすると地名として用いられている場合が多いのである。屈曲しながら流れる川は場所によっては独特の地形や景観をなしたりして、特徴をもつものである。その場所の特徴に基づいて名前を付けることも多いと思われる。これらの地名がそのような川の場所を示すものなのか、それとも川に支流がいくつもあってその名を示すのか、詳細は分からない。中には田猟地になっている場合もある。沼沢地が田猟地になることも多かったであろう。以下、一通り見ていくが、「水＋●」の「●」部分が音を表わしているのではないかと思われる。

- 洎は地名。
- 涂は地名か水名。「……在涂」の形で用いられる。
- 洚は「在洚」の形で用いられる。地名である。
- 洹は洹河。
- 潢は地名。「在潢」の形で用いられる。「黃」が音、「氵」が限定符だろう。
- 汭は水名か地名。「隹汭令◯方」という用法。「于汭」の用法もある。
- 洋は地名か族名。「伐于洋之」のように用いられる。

・は地名。邶《はい》のことか。「在」の形で用いられる。他に「南」「北」もある。
・は「田」で地名、「見」や「从」で人名。固有名詞である。
・は地名。「田」という形で用いるので田猟地であろう。
・は地名か人名。「」が借字で音を示し、「」は限定符である。
・は人名あるいは部族名。「子」の形もあり、王子の可能性もある。「」は限定符。
・は人名か？「」が借字で音を示し、「」は限定符である。

【（木）関係字】

・は方国名。
・は固有名詞。
・は地名。
・は地名。田猟地だと思われる。「木」の名前を示す音で示す、「余」にという限定符を付加したということか、それとも他に何らかの意味合いがあるのか、判断がつかない。
・は婦すなわち王妃である。

前の四字は地名・方国名であるが木の名前から来ているかも知れない。それぞれ「己」「亡」「斤」「余」は表意文字ではなく借字でもって音を示すものと思われる。そして「己」「亡」「斤」「余」と区別するために、「」という限定符を加え、木の名前であることを示すのであろう。殷代は気候も温暖で沼沢地の多い時代であったから、そのような様々な木が群生しているところも多かったのではあるまいか？　他に「〓」があるが、これは王妃の名で婦〓の形で出てくる。王妃の名は後で見るように「〓」字形の限定符が付くことがほとんどで、「〓」が限定符であることは珍しい。このことは逆に、王妃名になっている「〓」が妃の出身部族名である可能性を示唆する。

【〓（女）関係字】

ほとんど全てが「女（〓）」字を限定符とする妃名である。「婦〓」の形で王妃名であることが示されるが、「婦〓娩」のように、分娩について占う場合が多い。王妃の意味に用いる文字（語）には「女（〓）・妻（〓）・妾（〓）」のように複数あるが、「〓」も「〓」も「〓」字形を含んでいるので、最大公約数的な「〓」字形を限定符に使っているのではないかと推測する。後で改めて見るように、「〓」はまたシャーマンの意味に用いられることもある。私見によれば王妃がシャーマンの役割を果たすことがあることと関係があるのではないかと思われる。アイヌなどの習俗を見ても分かるように、古代においてはすべての女性が巫女的な仕事をしていたようである。（久保寺逸彦『アイヌの文学』参照）

・〓は「婦〓娩有嘉」の形で用いる。妃名。「〓」が妃（或は巫女）を示す。

・〓は妃名。「〓娩其有」の形である。「〓」が妃の意の限定符。
・〓は妃名。「婦〓」の形である。「〓」が妃の意の限定符。
・〓は固有名詞。「母〓」の形が見える。「〓」が妃の意の限定符。
・〓は妃名。「〓娩」の形で用いられる。「〓」が妃の意の限定符とも思える。
・〓は妃名。「婦〓」の形。「〓」が妃の意の限定符。
・〓は妃名。「婦〓」の形。「〓」が妃の意の限定符。
・〓は妃名。「婦〓」の形。「〓」が妃の意の限定符。
・〓は妃名。図象のようにも見えるが、「〓」を声符、「〓」を限定符とするとも思える。
・〓は妃名。「井」が声符、「〓」が限定符か。「井」は「邢」に通じ部族名の可能性がある。
・〓・〓は「〓曰」「其〓」のように用いられ、動詞のように思える。とすると、シャーマンが託宣に関わっている図象文字のように思われる。
・〓は妃名。「婦〓」の形で出てくる。「〓」が声符、「〓」が妃の意の限定符。
・〓は地名。雨乞いをする？ 「〓」が声符、「〓」はシャーマンの意か？
・〓は妃名。「婦〓」の形で出てくる。率を頭に載せているので、図象文字の可能性あり。
・〓は地名か。「霝〓」の形で用いられる。「霝」は雨乞い。「〓」は地名か？ あるいはシャーマンとも思える。
・〓は人名・神名など固有名詞。「霝〓」で。「霝」は雨乞い。シャーマンとも思える。

•は地名・人名。「在」の形。「」が声符、「」はシャーマンの意か？

【（雨）関係字】……（注）を除いては図象文字と考えられる。

「雨」は雨乞い関係の文字についている。

•は雨乞いの意味である。雨乞いの時に「吁嗟《うさ》」と声を発したようである。『礼記』「月令」に、「大いに帝に雩《う》（雨乞い）するに盛樂を用ふ」とある注に「雩は吁嗟して雨を求むるの祭なり」とある。「于」が声符で、「雨」が限定符であろう。「吁嗟」は語の音を記した語であるが、「口」が発声を意味する限定符になっている。このような発声・発語を示す語が文字として記される頃から、「口」が発声・発語の意味を示す限定符として用いられるようになったことが分かる。「」字形は字源としては「祭祀言語を記した冊書を入れる器」であったが、もともとその祭祀言語を声で発する行為を伴うものであったため、発声・発語の意味を蔵していたのだと思われる。『詩経』には陳風「東門之枌」の「穀旦《こくたん》に于差《うさ》す」のように記す場合があり、限定符としての口を加えない過渡的な表記の一例を示しているものと思われる。

•も雨乞いの祭のようである。人名かと思われるものもある。「」が舞う姿であるから、表意字「無」に限定符「雨」が付加された形とも考えられる。しかし、降雨を祈願しながら

雨乞いの舞をしている姿を描いた図象文字ともとれる。甲骨文段階では、表意字に限定符の付加された文字がほとんどなく、もしもこれをそのような文字に分類すると例外的な文字ということになる。例外も想定しておくのが慎重な態度であるが、ここでは取り敢えず図象文字と捉えておく。勿論、このような構造をもつ文字が後に会意という造字方法の道を開くのではあるが。

それに対しての方は「于」が「吁嗟」の「吁」で声を発する方である。借字「于」に限定符「雨」が付加された形ということになる。

• は地名のようである。この場合、「」が神の降臨する意味のようであるから、そのような特定の聖地であったかも知れない。これも図象文字と考えられる。以上、雨の関係字をとりあげて検討してみたが、最終的にはだけが借字に限定符「」を付加した形という結果になった。

【その他】

この他にも「（虎）」字形を付した地名（族名）を示す文字、「（犬）」あるいは「（豕）」を付した族名（人名・国名）なども見えるが詳細が分からないので省略する。やは犬の種類を示しているのではないかと思われる。を郭沫若は「狐」とする面白い説を出している。しかしなかなか確定しきれないところである。この場合「」が「狐」などを示す声符

であり、それに「犬」字形の限定符を付したものである。「馬」関係の字は・などは馬の名前ではなかろうか？　そうすると「」「」が馬の種類や馬の名前を意味する音であろう。

この項で分析したことを整理してみる。「（水）」字形と「（木）」字形とは地名を示す語に用いられていた。「（女）」はほとんどが王妃の名を示す場合に用いられていた。「（雨）」字形は一見限定符のように見えたので検討の対象にしたが、以外は図象文字であった。ここで提示しておきたいのは、固有名詞を文字で表わす場合、口頭言語で用いている音を表わすために文字を借り（借字）、そこに限定符を加えることによって差異化したということではないかということである。「」字はもともと跪いてつまり跪礼の姿勢をとって儀礼を行う様子を描いた字形であるから、この限定符も後世のように女性一般の意味に用いられているのではなく、巫女の性格をもった女性の意味を示していたと思われる。いずれにしても、固有名詞というごく限られた語を示す場合にのみ、借字＋限定符を用いていたということができるのではないか。意味の分からない文字もまだ多く断言しきれない要素が残るが、甲骨文以後の文字の変遷を考える際の一つの仮説として提示しておきたい。このように記してみて振り返ってみると、白川静が『漢字類編』の「解説」で示していた次のよう認識が妥当であったことが改めて分かるのである。

文字が作られたとき、いまいう象形・指事・会意というような構造法上の原則があったわけではない。それは古代文字の構造を研究するために、のちに設けられた区別であるにすぎない。それで象形・指事・会意といっても、その境界の明らかでないことも多い(5)。

しかし白川静にも矛盾したところがある。それというのも、このような認識を示しておきながら、その後出された『字統』以下の辞典類では、文字の構造を会意としてみたり形声としてみたりして、あたかも甲骨文の段階からすでにそのような「構造法」があるかのように書かれていることが多いからである。許慎『説文解字』の説を覆す文字学の体系を樹立しておきながら、こと文字構造の分析に関しては、許慎の六書の呪縛から自由になりきれなかったという外はない。その原因はどこにあるのだろうか？　それは私見によれば、言語と文字との関係の考察が十分ではなかったことによるのではないか？　特に口頭言語の世界があまり想定されず、甲骨文の誕生を文字言語の創出としてしまったところにあるのではないかと考える。さらにつきつめて言えば、口頭言語には日常的な話し言葉（口語・俗語）と祭祀言語（雅語・文語）との二種類がどの共同体でも存在したということを念頭においていなかった。多分ご存知でなかったのだろう。これが言語と文字との関係を考える契機をもたなかった理由だと思われる。

二　増字過程における文字構造について

甲骨文の基本構造について整理してみる。

一、文字の形象として絵文字と大きく異ならない図象文字であること。
二、表語機能としては表意と表音との二系統があること。これを表意文字と借字と仮称する。
三、固有名詞が普通名詞と同形の文字になる場合には、差異化のために限定符を付加すること。
四、限定符が付加される文字には表意文字と表音文字（借字）の二系統があること。

文字体系としての甲骨文の基本構造は以上のようになると思われる。甲骨文は王朝および王朝周辺において行なわれた占卜行為の記録であるから、そこに用いられる語彙が占われた事柄に限られている。占われた事柄は「禍や祟りの有無」「王の行動の是非」「天候」「穀物の稔り」「戦争」「祭儀挙行の是非」「王妃の出産」「王の疾病」など、かなり広範囲に及ぶように見えるが、実際には王朝にとって公的な事柄や切実な事柄に限られている。人名などの固有名詞が多いが、使用語彙は意外に多くないのである。これが王朝外でも用いられるようになるという事態が進めば、おのずから新しい語彙を示す文字が必要になってくる。その過程で、甲骨文に出てこなかった語彙を示す場合には、図象文字の形象で表意文字か借字でもって示されることになる。西周時代の金文で、甲骨文に出てこなかった表意文字には、例えば「革」「皮」「害」「加」のような文字があり、借字には否定の意の「非」のような文字がある。金文の場合、青銅器の内側に刻られることが多いが、亀甲獣骨の媒体よりもスペースが大きいこともあって描写性に富んでいるのが特徴である。これは、殷代の青銅器に氏族を示すらしい図象文字一字だけを刻っている字形が、甲骨文の字形よりも描写性に富んでいることと相通ずるところがある。これが字源を考える時にも非常に参考になるわけである。

甲骨金文の後、文字が飛躍的に増加する時期がやってくる。それがいつ頃であるかという点について、甲骨文の基本構造の整理をもとに想定できることを記しておきたい。これはあくまで論理的に考えてみた仮定ではあるが。

第一は、口頭伝承されてきたものがテキスト化されはじめる時である。詩・書・易・礼をはじめとする、いわゆる経典の類である。

第二は、祭祀儀礼の言語ではない口頭言語が文字で記される時である。これは戦国時代の諸子百家の弁論術の場の記録が想定されるが、口頭伝承の後に記録されたものと思われる。最初からいきなり文字で書き始めたものではなく、対話の内容が後にテキスト化されたものと思われる。

第三の時期は、対話の形態ではなく、独白の形態で書かれる時期である。これは言語を自ら発することを想定されていると思われるので、散文と言えるかどうか分からないが、いわゆる文字言語として記される起源をなすものと考えられる。文字言語という言い方にふさわしいのは、それまで存在しなかった言葉を文字によって創出することを可能にするような場合である。言い換えれば、文字が言葉を生み出すような場合である。

以上のような過程を経て、漢字は文字言語へと転成していくと思われる。近年陸続として発見されている戦国時代中期の楚の竹簡は、以上のような想定を検証する上で重要な資料になるであろう。

付論　漢字のシニフィアン、シニフィエ

借字の表語法を考える過程で、言語と文字との関係を改めて考えることになったが、私がこうしたことを考えるきっかけになったのは、ソシュール言語学との出会いであった。ソシュール言語学の用語はしばしば分かりにくく、今なお十分に理解されていない面があるように思われる。もちろんここはソシュール言語学について詳しく述べる場面ではないので、深入りすることは避けておくが、言語と漢字との関係をソシュール言語学の観点から捉えてみるとどうな

るかという点に絞って、シニフィアン（signifiant）とシニフィエ（signifié）という関連用語でもって私の捉え方を述べてみたいと思う。

シニフィアンとシニフィエという概念は本来別々に切り離して立てる概念ではない。不可分離のもの、一体性のあるものである。ソシュール言語学の研究では世界的に見て一流の業績を挙げた丸山圭三郎氏(6)は、これらの概念を示す訳語を色々思案し提示した後、最終的にはシニフィアンを記号表現、シニフィエを記号内容としたようである。(7)そしてシニフィアンとシニフィエがシーニュ［記号］（signe）の形で表現されたものが言語記号であるという。この考え方を漢字に適用するとどうなるであろう。漢字は言語を示した記号であるからシーニュということになるだろう。ここまではいいのだが、シニフィアンはどうなるだろう？　シニフィアンが記号表現ということであれば、すでにシーニュがその役割を担っていることになるので、シニフィアンの位置がわからなくなる。このままだとシーニュ概念と重なってしまうからである。ここで想起すべきなのは、シニフィアンは聴覚イメージ（「聴覚的なもの」という訳し方もある(8)）のことをいうともされてきたことである。聴覚イメージ。聴覚イメージとは何か。それは口頭で発せられる語音のことである。口頭で発せられるという点が理解する時の重要なポイントであるが、漢字には語音が直接示されてはいない。表意文字や借字として説明してきた文字はアルファベットや仮名のような表音だけに特化した文字ではないから、語音が直接示されてはいない。直接表示されているのは、漢字の字形だけである。その漢字にシニフィアンとシニフィエとがあるとすれば、それは読み手の脳裡に浮かぶものである。漢字を見ながら読み手の脳裡に浮かぶ聴覚イメージとは漢字に潜在するところの語音のことである。その語音を脳裏に浮かべるつまり聞き取る。その聞き取る音がシニフィアンということになる。(9) そしてシニフィエはここでは漢字というシーニュとシニフィアンに導かれる語義ということになる。漢字の形音義などと古来言われてきたが、このような構造になっているわけで、文字だけを見ている限りでは語音すなわちシニフィアンは直接に表現されていない。また語義もまたそこから読み取るべきものであるから、読み手の脳裏に浮かべるすなわち想起するものである。こうしてシーニュとしての漢字を言語学的に捉えることができたように思われるが、実はまだ終わっていない。いわば往路を歩いただけの意味しかない。シニフィアンは聴覚イメージとして脳裏に聞き取られたのであるが、それはもともと口頭で発せられたところから端を発したものである。では口頭言語として発せられる漢字の世界はどうなるのであろうか？　この点について整理しておかないと漢字における言語と文字との関係を考えるというテーマは終わらない。

口頭言語として発せられる漢字の世界を仮定的に整理していくことにする。ここではシーニュは文字ではない。口頭で発せられる音の連鎖である。これを聴覚イメージと捉えるとそれはシニフィアンということになる。そしてシニフィエはそこから導かれる意味や概念ということになる。ではシーニュはどこに行ったのか？　前述の漢字の場合はシニフィアンはどこに行ったのか、その位置が分からなくなったということであったが、それを脳裏に聞き取る聴覚イメージとして捉えることによって、三者それぞれの位置が整理できた。では口頭で発せられる漢字の世界はどうなるだろうということである。ここで漢字という言葉を用いてきたのは便宜上のことで、口頭言語の世界を考える場合には、視覚的な記号としての漢字は一旦横においておかねばならない。口頭言語におけるシニフィアンは言葉として発せられる音の聴覚イメージであった。口頭言語の世界ではシニフィアンは直接発せられるので説明の必要はあるまい。ではシーニュはどうなるかというと、それらの音を他ならぬ言語を示すために発せられた記号として認識することそのものということになる。もしもそれらの音の連鎖が理解できないものであるとすれば、言語としての聴覚イメージにはならない。もちろんシニフィエにもならない。口頭で発せられた音の連鎖を言語の聴覚イメージとして理解できてはじめて、音の連鎖が言語を表現する記号であることを認識できたことになるのである。口頭言語におけるシーニュはこのようにして成立する。そして一旦言語の記号と認識された音の連鎖は聴覚イメージとして感得され、意味や概念へと連想的に理解されていくのである。この時漢字という文字記号はシニフィアンがシニフィエに連結する時の補助的な存在として潜在するということになる。

漢字の研究にソシュール言語学が馴染みにくいように思えたのは、文字表記の場合と口頭言語の場合とを一つの世界に閉じこめて理解しようとしたことに原因がある。

第三章　中国最古の文字・甲骨文の生まれた時代の位相

言語を記録する記号としての最初の文字が殷代後期武丁期に誕生した甲骨文だ、という論旨でここまで進んできた。しかし出土しないからといって殷代後期以前の文字がなかったと断定できるのか、という懸念が常につきまとうのも確かである。文字体系が突然しかも一挙に成立したためにあまりにもあっけない感じがするからである。だが甲骨文だけは他の言語と構造が異なるために文字体系の成立の仕方が異なっていたのだということを再度想起しておきたいと思う。他の言語の文字体系は、象形文字段階では表音機能をもたなかったため書記システムが整わなかった。ゆえに表音専用の文字をいかに創出するかという大きな課題を抱えていたという事情があったのである。そのような他の言語の書記システムと甲骨文の書記システムとを同列に考えること自体が本末顚倒である。繰り返しになるが、甲骨文は絵文字段階の文字であるにもかかわらず表音機能をすでに具えていた。言い換えれば書記システムとしての文字体系の必要条件をすでに満たしていたのである。必要なのはむしろ、他の文字体系とは異なる成立の仕方をした甲骨文が、その後書記システムとしてどのように発展していくのかを観察することである。だがそのような方向で話しを進める前に、甲骨文が誕生した時代背景についてもう少し考察を加えておきたいと思う。

一　武丁以前の広義の文字資料

新石器時代に数多く見えた記号の類の広義の文字資料については、第一章で広義派の文字観と狭義派の文字観という観点から言及しておいた。もしも文字というものが記号の類から徐々に成長発展して文字になるというのであれば、新石器時代と殷墟時代の甲骨文との三千年もの長い中間期に、そのような漸次的な発展過程を示す文字資料が出土しなければならないだろう。しかしそのような記号的な広義の文字資料は、殷代後期の直前期においても新石器時代と同じ記号のレベルにとどまっていることを、どのように説明できるのであろうか？　現時点で話題になっているこのような広義の文字資料で、鄭州時代と殷墟時代の中間期に位置付けられる、鄭州の北方にある小双橋遺址出土の資料がある(1)【図14・15】。

この遺跡からは大量の牛の犠牲が出土したことで非常に注目された。殷墟時代には牛の犠牲に関する記述が卜辞にも多数見られ、殷墟文化の一つの特徴になっていくのであるが、殷墟文化へと繋がる特徴をもった遺跡から記号のような文字資料が出土した。この資料が出土した時も考古学者の間で、甲骨文になる前の文字資料として大いに話題になったものである。しかし、

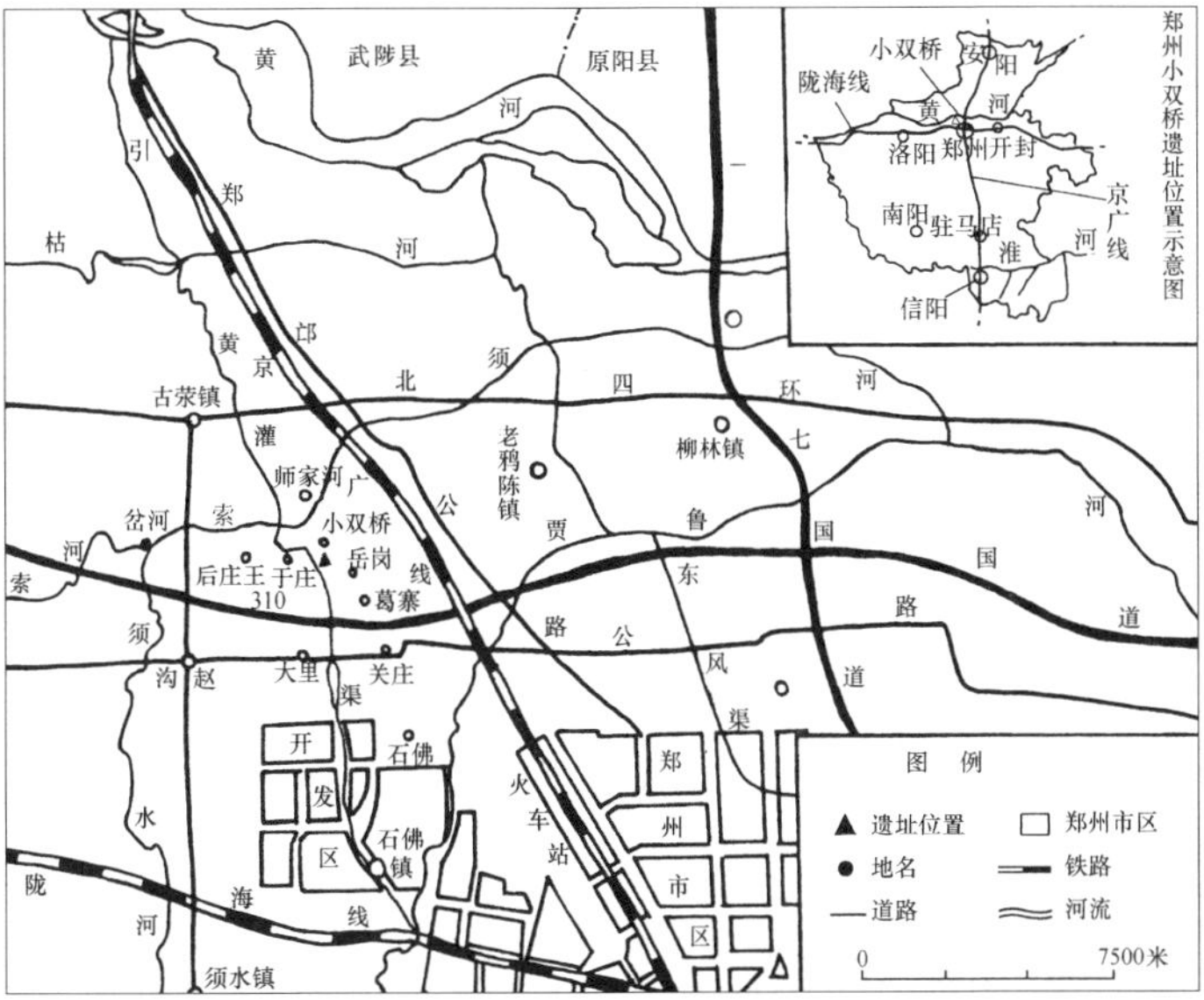

図 14　鄭州小双橋遺址地理位置図

出所　『小双橋遺址』（科学出版社）所収の図。

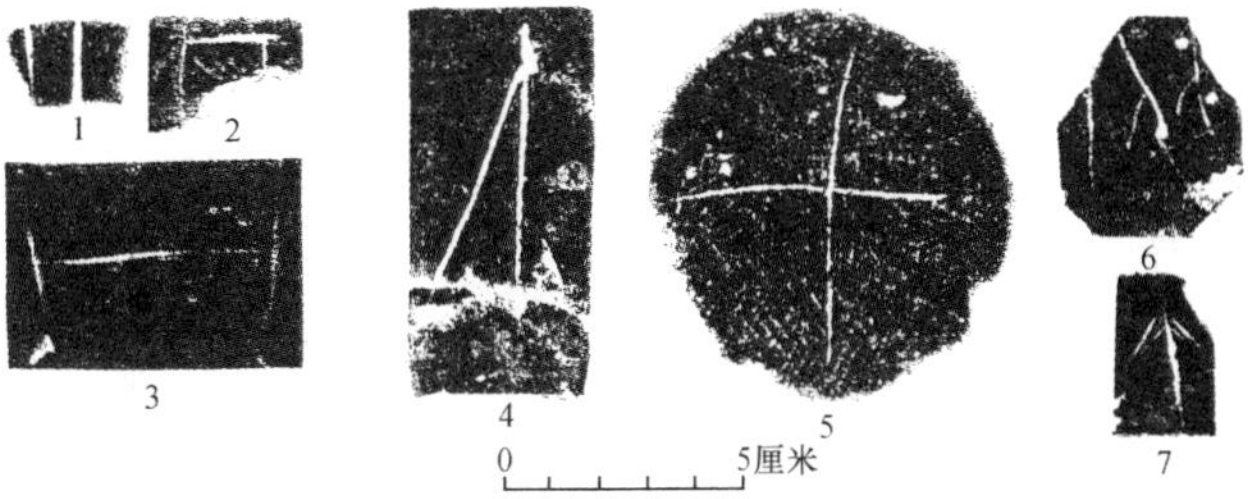

図 15　小双橋遺址出土陶器の表面の刻画記号

出所　『小双橋遺址』（科学出版社）所収の図。

やがて何ごともなかったかのように忘れられていった。また、さらに殷墟時代に最も近い安陽洹北商城（殷代のどの時期に位置付けるかが懸案となっている）からも、現時点ではそのような文字資料が出土していない。直近とはいえ、殷墟文化とは異なるもので、時期的に連続しない遺跡とのことである。[2] 洹北商城内の宮殿（宮廟）遺址からは建築前の人身犠牲や、占卜の跡が見られ、殷墟文化との共通性を示しているものの、遺跡としては殷墟時代に連続しないとされるので、文字資料が出土しないのも何ら不思議はない。もしも記号の類の広義の文字資料だけが出土したとすれば、武丁期に甲骨文が発明されたという案を強く裏付けるものとなる。

二　人口急増期としての武丁時代――都市形成と言語意識の変容

殷墟時代すなわち殷代後期の武丁期を、考古学の観点から位置付けてみることにする。位置付けるに当たって、次の観点からこの時期の特徴を整理してみる。

1、人口の飛躍的増加
2、青銅器の鋳造技術の飛躍的発展
3、埋葬形式が様々であることから、異なる部族の聚合体であったことが考えられる。

1　人口の飛躍的増加

殷墟の都市形成過程を知るための文献には、『殷墟発掘報告　一九五八～一九六一年』（文物出版社　一九八七）[3]や『殷墟の発見と研究』（科学出版社　一九九四年）[4]がある。前者は発掘報告、後者はこれまでの発掘成果を整理したものである。この二著を読むことによって、都市としての殷墟がどのように形成されていったのか、おおよそのイメージがつかめていた。一言で言えば、殷墟文化第二期と呼ばれる武丁時代から、各所で急速に人口が増えはじめたというものであった。これが、甲骨文の誕生した時期が人口急増期であることの意味を考える重要な契機となった。しかし二〇〇九年一月に中国社会科学院考古研究所の「中国考古」というインターネット・サイトに[5]「河南省安陽市殷墟劉家荘北地遺址」[6]という報告文が掲載されたことによって、殷墟の都市構造がより具体的に分ってきた。特に注目すべき点は、今まで不明であった殷墟の中心部に多数の住宅遺址と幹線道路が見つかった点である。今の段階では、まだ発掘と整理が進行中だと思われるので概略を知るだけであるが、それでも武丁時代に文字が誕生した状況のもつ意味を考える有益な資料が加えられたことになる。この劉家荘北地の発掘報告は、その後改めて「考古」二〇〇九年第七期に「河南安陽市殷墟劉家荘北地二〇〇八年発掘簡報」として発表され、より具体的な報告がなされた。さらに「考古」二〇一二年第一二期には、二〇一〇年～二〇一一年の発掘報告も加えられ劉家荘北地の小特集のような誌面構成になっている。そこでは殷末周初における殷墟の意外な側面も報告されているのではあるが、そのことにまで

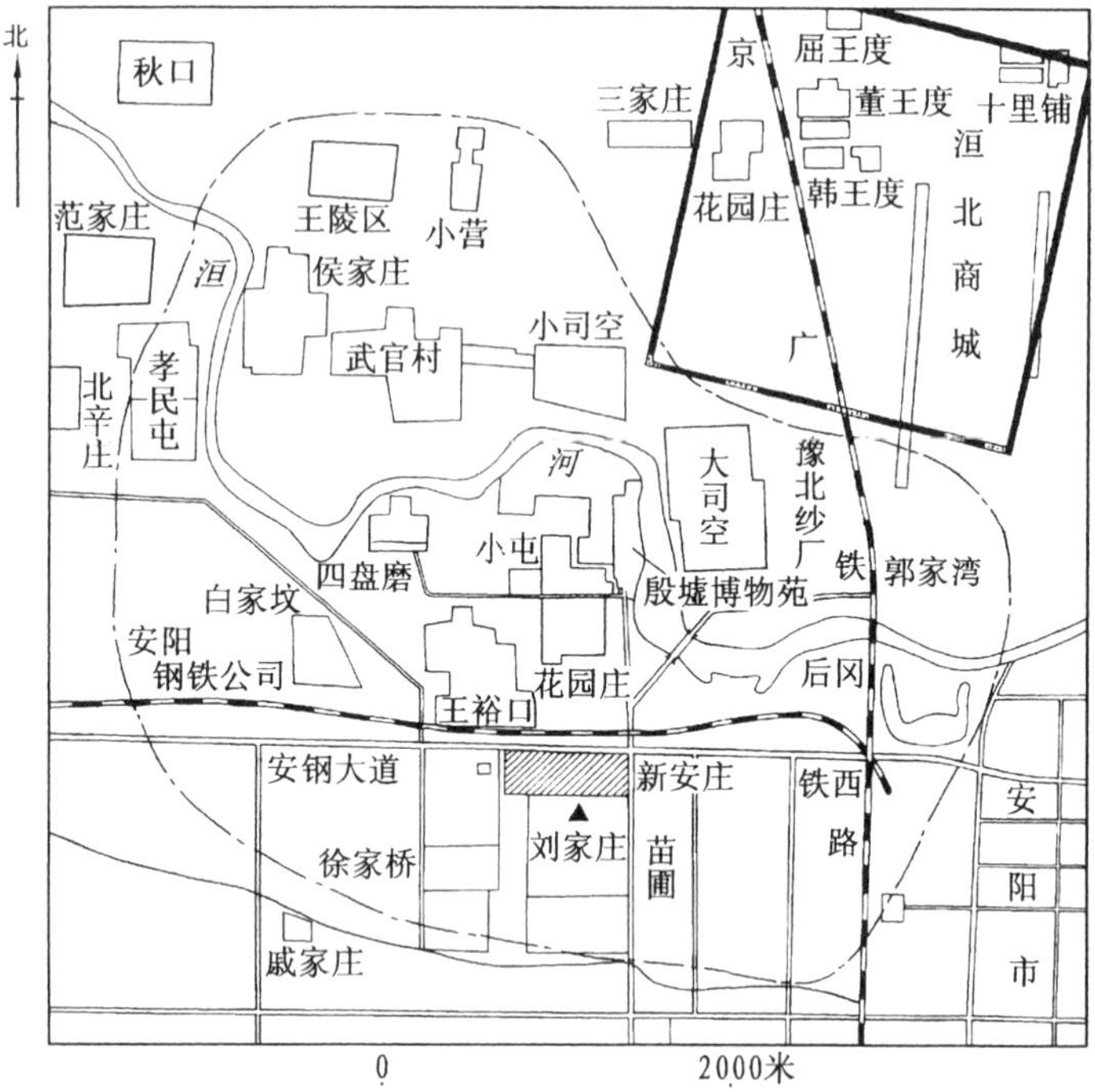

図16　劉家荘北地発掘地点と洹北商城

出所　「考古」2009年第7期所収「河南安陽市殷墟劉家荘北地 2008年発掘簡報」所収の図。

言及するのは大きく横道に逸れるので、今は割愛する。(7)

二〇〇八年二月から十月にわたって大々的に発掘調査された劉家荘北地遺址の位置は、殷墟の中核部分と目される小屯宮殿宗廟区の真南に当たる位置である【図16】。劉家荘北地遺址と小屯宮殿宗廟区とは南北方向の幹線道路（一〇m幅）二本で繋がっている。いわゆるメインストリートに相当するが、ここに車馬の轍が生々しく残っていて、想像をはなはだ掻き立てる【図17】。『殷墟の発見と研究』の記述によれば、小屯宮殿宗廟区は北側と東側に洹河が流れ、南側と西側には大灰溝と呼ばれる人工の濠に囲まれている。洹河と濠とで宗廟を囲み防御する形になっている。ここが殷墟の中核部分と目されていたのであるが、それにもかかわらず、その周囲からは特に注目すべき遺跡が出土していないという謎が残っていた。今回発掘された劉家荘北地遺址は一挙にその謎を説き明かすことになると思われる。劉家荘北地は小屯宮殿宗廟区の南方に位置するが、約一〇〇座という大規模な住宅遺址を擁している。しかもそれらの住宅遺址が幹線道路の両側に建っているとのことであるから、道路に面して建物が立っているということである。出土物と位置関係から見て、この地区が王朝と関係の深い氏族たちのものであることは明らかである。また、ここの建築遺址は第一期から第四期まで全ての時期のものがある。おそらく殷墟遷都から殷の滅亡までの間、王朝を支えた氏族（部族）たちのものであろう。詳細な発掘が報告されることによって、甲骨文だけでは分らない、王朝の盛衰や構成氏族の関係など、別の側面が見えてくる可能性もある。またその他にも廃棄物を埋めるための灰坑が一〇〇〇座余り、また祭祀遺存も報告されている。そしてそこには卜甲が埋蔵されているので、当時の占卜の様子を知る手がかりも見つかるかも知れない。墓葬は九〇〇余り、その他周囲に石を敷いて道にした池苑の類まで発見されている。まさに殷墟の中枢部分に当たる。以上、簡単な報告から読み取れることを記してみたが、王朝の中枢部分は殷墟文化第一期から第四期まで建築遺址があり、

図17　安陽市劉家荘北地で発見された殷代メインストリートの轍跡

出所　「考古」2009年第7期所収「河南安陽市殷墟劉家荘北地 2008年発掘簡報」所収の写真。

周囲の遺跡においては第二期から拡張が始まることが多いことから考えれば、殷墟という都市の中核・中枢の地区と周辺地区との形成過程がおのずから見えてくる【図17】。

2　青銅器の鋳造技術の飛躍的発展

殷墟の青銅器は主に苗圃北地で作られていた。この地は現在は安陽考古研究所となっている。面積にして一万㎡に及ぶ大規模なものである。考古学者によれば王室の管轄下にあった彝器（祭器）中心の鋳銅作坊だとされる。大量の陶范（大型のものがある）・陶模・坩堝・炉壁等、鋳銅と関係のある遺物が出土していることからして疑問の余地はない。他に薛家荘・孝民屯にも鋳銅遺址があるが小規模のものであり、作られた青銅器も小さなものに限られていた。この苗圃北地では、工房が第一期後半寄りに建てられ、第二期に四棟を増築、第三期にはさらに三棟が増築されて大規模化が進んだ。殷墟文化第二期（武丁期）以降に青銅器の製造が飛躍的に増加したことが分る。墓地は第一・第二期は比較的少なく、第三期・第四期に大幅に増えていることから見て、鋳造に従事した人の増加の推移が見てとれる。青銅器の製造量の飛躍的な増加は殷王朝の祭祀が第二期から著しく盛んになっていったことを物語ることは贅言を要しまい。製造量の飛躍的な増加はまた、製造技術の飛躍的向上へとつながった。このことは武丁の妃である婦好の墓から大量の青銅器が出土したことを契機にして明らかになっていった(8)。

婦好は武丁の妃の中で最も有名な人であるが、甲骨文には「婦好」の他に「婦姘」「婦鼠」「婦媟」などの妃の名が見える。他の王よりも妃が多いのである。これは近代の夫婦関係を基準にして一夫多妻という捉え方をすると不謹慎なことのように見えるが、事柄は王朝のことである。王と妃の関係は王と豪族たちとの姻戚関係という側面から見るべきであろう。妃の数が多いということはそれだけ王朝を支える氏族が多いということで、王朝の勢いがあることを意味する。これもまたこの時期の急速な人口増と関わりが深いと思われる。

3 異なる部族の聚合体と言語意識の高まり

殷王朝は十の部族から構成されていたというのは、武丁や祖甲などのように王名に十干の甲乙丙丁戊己庚辛壬癸が付いているところから推測されてきたものだが、王室に入らない部族を

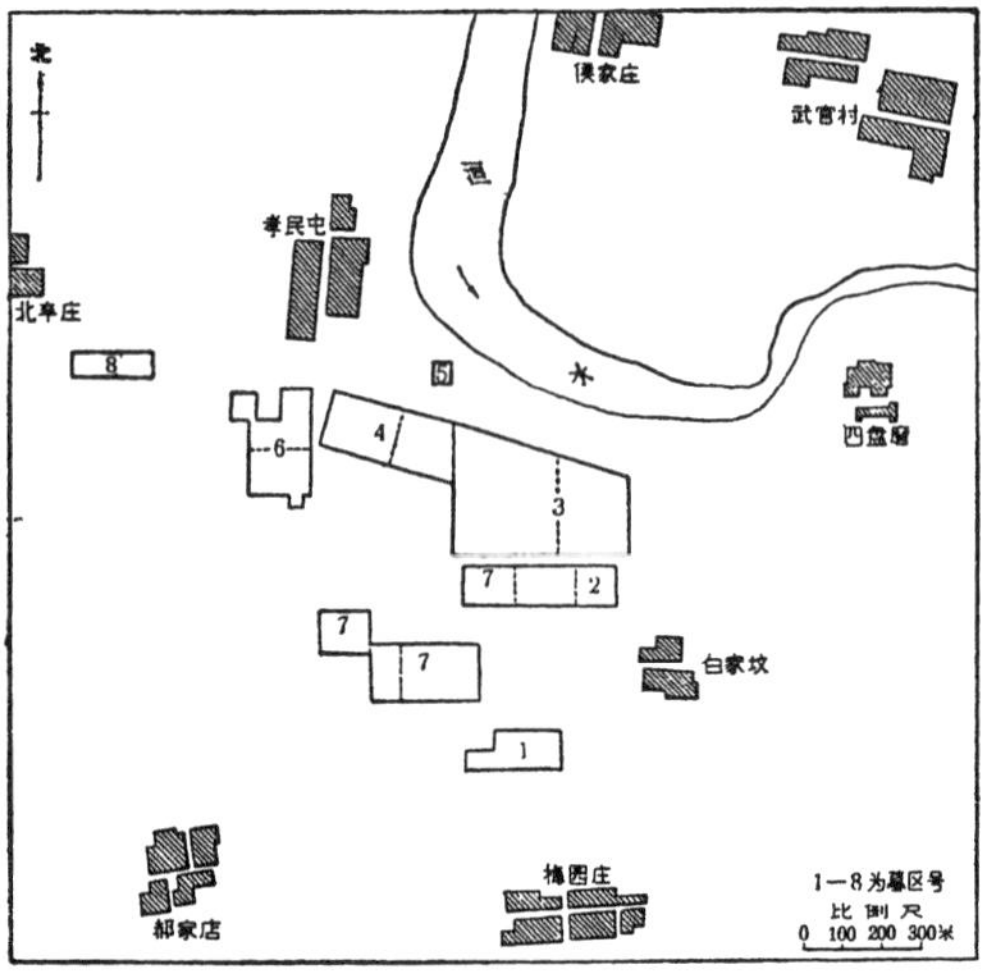

図18　殷墟西区墓葬発掘位置図

出所　「考古学報」1979年第1期所収「1969〜1977年殷墟西区墓葬発掘報告」所収の図。

含めれば、さらに多くの族が殷墟に集結していたはずで、考古学の発掘によって具体的な様相が少しずつ分かってきた。これまで『殷墟発掘報告』（前掲書）や『殷墟の発見と研究』（前掲書）によってもその一端はつかめていたが、より具体的な情報をもたらしたのは、一九六九年から一九七七年にかけて大々的に発掘された殷墟西区の墓葬である【図18】。ボーリング調査を行なった三〇万㎡の範囲内で一〇〇三座の殷代墓葬が発見され、そのうち九三九座が発掘されてかなり詳細な発掘報告が行なわれた(9)。その後、韓建業「殷墟西区墓地分析(10)」によって綿密な分析が加えられたので、本書の問題意識に関わる事柄にしぼって概略を記しておくことにする。

○〔時期〕殷墟文化第二期〜第四期の墓地である。

〇〔時期別の墓葬〕第二期＝七四座、第三期＝一八九座、第四期＝四三四座。
〇〔墓葬の級別数〕小墓＝六七〇座。中墓＝二四六座。大墓＝一四座。
〇〔区内の族数〕西区を八墓区に分け、更にそれを分けて二四の分区とするが、そこから出土する青銅器の銘文（徽号）の種類がほぼそれぞれの分区に対応したものであることから、徽号はそれぞれの族を示す徽号だと考えられる。随葬品や墓の向きも族それぞれに決まりがあることが分かる。以上のことから殷墟西区は二四の族の墓が寄せ集められた聚合墓地であると推定できる。これらの族間において融合の現象も見られるようだが、詳しくは今後の分析を待つべきであろう。

以上のことから分かることは、殷墟西区が殷墟文化第二期すなわち武丁の時代から殷末の第四期まで用いられた墓地であること。墓の数は第二期・第三期・第四期と倍増を重ねていったこと。これは前述した都市としての殷墟の人口が第二期から急増したことを裏付けるものである。また二四の族が聚合した墓地であることも興味深い。

また劉家荘北地のように王室を支える部族群の住宅地に見える墓地やその他の墓区にもこのような現象が見られることも考えられるので、殷墟は非常に多数の部族がひしめき合い複雑に構成された都市であることが合点されるであろう。武丁期から人口が急増した殷墟では言語の世界も多様になっていたと思われる。それぞれの部族が発する口頭言語がどれほど違っているのか、あるいはどれほどの共通性があったのか、今となっては追跡できないが、言語学の知見からすると、口頭言語の世界から文字が生み出され、その後長い時間を経て書記言語独自の世界が生み出されていくその過程で、言語は大きく変化するもののようであるから、口頭言語だけの世界では各部族の言語の差異はさほど大きなものではなかったかも知れない。しかしながらそのことよりもここで言えることは、多種多様な部族が混在する都市の中で口頭言語が交わされることによって、言葉に対する関心、特に他の部族の用いる言語との差異に、自ずから関心が出てきたであろうことである。ここに「語」というものに対する意識が生まれるのである。言い換えれば、言語を分析し始める、あるいは分節化し始める、と言ってもいいだろう。また、言語を記録する記号が文字であるという定義をさらに具体化して言うならば、文字の本質は表語にあるということになる。「語」という意識なしに表語という意識は生まれない。そして表語という意識なしに「言語を記録する記号」としての文字が突然生まれるはずはないのである。社会がある程度のレベルに達しないと文字が生まれない理由はおそらくここにある。しかしこの武丁期に「語」という意識が生まれていたとしても、それを文字で記すに到るまでにはまだ相当な距離がある。もっぱら口頭言語だけですませていたことを、目に見える形で言語を記すようにしたのが文字の書記である。目に見える形で言語を記さなければならない何らかの事情が発生しなければ、文字の必要性は切実なものとはならないであろう。そうした意味での何らかの事情について考えてみなければならないのである。

第四章　「高宗亮陰、三年不言」とは何か

一　『論語』の孔子説から何を読みとるか

前章では考古学的な面から、殷代後期武丁の時に人口が急増し、多種多様な部族が集結していたこと、また青銅器の鋳造数と技術が飛躍的に上ったという現象を見て、殷王朝が非常に勢いをもった時代であることを推測した。次に古代の文献資料の伝える最大公約数的な武丁像を描いてみたいと思う。

武丁の事績を伝えるものでは『論語』憲問篇に見える次の問答が最も有名なものである。

子張曰、「書云、高宗諒陰、三年不言。何謂也。」子曰、「何必高宗。古之人皆然。君薨、百官總己以聽於冢宰三年。」

（子張曰く、「書に云ふ、高宗諒陰、三年言はず。とは何の謂ひぞや」と。子曰く、「何ぞ必ずしも高宗のみならんや。古の人皆然り。君薨ずれば、百官己を總べて以て冢宰に聽くこと三

年なり」と。)

これは「書云」とあるように、『尚書』の章句の意味するところを子張が問うた場面である。高宗が三年間言語を発しなかったことを不思議に思って訊ねたところであるが、それに対する孔子の答えは、「諒陰」の意味を説かないまま、高宗に限らず古の王はみな、前王がなくなった後の三年間は冢宰に政事を委ねたものだというものであった。『礼記』「檀弓下」や「喪服四制」をはじめほとんど全ての文献は、孔子が「三年之喪」(喪服四制)を教えた一節として伝えている。現在までそのような解釈が疑われることもなく継承されてきたようだが、この問答の中で孔子が三年の喪を説いたと解釈するのは、果して適切であろうか? 王が王たる場は、王朝の儀礼を行なったり命令を発したりする場である。いずれも宮廟のような場で儀礼空間において王としての言語が発せられるということである。まだ文字のなかった時代であるから、口頭で発しなければならない。口頭言語の世界である。しかし、孔子の言にしたがえば、古の王は即位後の三年間は前王の喪に服するので、王としての言語を発せず、最高位にある臣下すなわち有力な族長に政事を委ねることが習わしになっていたことになる。高宗に限らずそうしていたというのだから、いわば王朝のシステムがそのようになっていたということになる。

重要な語についてはしばしば説明を加える孔子であるが、ここでは「諒陰」が「服喪」を意味する語であるとは明言していない。また政事を冢宰に委ねることが喪に服することを意味するともしていない。私見によれば、孔子の言葉が儒家の間で伝承される過程において、「諒陰」という意味不明な語が文脈から「服喪」を意味するかのように解釈されるようになったのではないかと推測する。「諒陰」を服喪とする伝統的な解釈は説明として成功していないのではないか。そもそも冢宰に政事を委ねることがなぜ前王の喪に服することになるのか。「天下有道、則政不在大夫」（天下に道あれば、則ち政 大夫に在らず）（『論語』「季氏」篇）などと言う孔子自身の発言と矛盾するのではあるまいか。王が即位しながらも三年間は王として機能しないのでは、むしろ「政在大夫」（政 大夫に在り）ということになろう。このような現実離れしたしきたりに古代王朝が従っていたという解釈に根本的な疑問を抱くのであるが、このような解釈を生み出してしまう要素がこの問答の中に潜んでいるような気がする。

『論語』には他に、「父在観其志、父没観其行、三年無改於父之道、可謂孝矣。」（父在《い》ませば其の志を観、父没せば其の行なひを観、三年父の道を改むることなければ、孝と謂ふべし。）（「學而」篇）という「孝」を説く章句が見える。前述した孔子の解釈はむしろこの「孝」を説こうとしたものであって、必ずしも喪に服することを説くものではない。「諒陰」の意味が不明であるため、後世の儒家が「服喪」とすることによって論理的な整合性が得られるよう腐心したのではないかと思われる。しかし「諒陰」を「服喪」の意味とするのは文脈上そのような意味と受け取らざるをえない、という背理法的な解釈以上の意味を見いだすことはできない。「諒陰」が意味不明な語であることには何ら変りがないし、「三年不言」が伝えようとする内容もなお不分明な要素が色濃く残る。私の推測では、孔子ですら「諒陰」の意味を知らなかったのではないかと思えてならないのである。孔子の時代から七、八百年も遡る殷中興の王と伝えられた武丁の事績が「高宗諒陰、三年不言」という文言でもって口頭で伝承されていく過程で、「諒陰」の意味が忘れられていったのではないかと思えてならないのである。実際「諒陰」の表記はテキスト化されたものでも「亮陰」（尚書）「諒闇」（礼記）「亮闇」（史記）「梁闇」（尚書大伝）と様々なバリエーションがあり、他にも様々な用字がある。これは語音だけが伝わり意味が分からなくなっていたことを物語るのではないかと思われるのである。ところが「亮陰」の意味を理解する唯一の手がかりがこの問答に示された孔子の言葉であるがために、いつしか「三年の喪」を意味する語として踏襲されていったものと思われる。「書云」としてしばしば引用される『尚書』には高宗武丁のことをどのように伝えるのであろうか？　「高宗諒陰、三年不言」に関わる周書「無逸」篇と商書「説命」篇に絞って見てみたいと思う。

二　『尚書』の伝える武丁像

先ず周書「無逸」篇。

其在高宗、時舊勞于外、爰曁小人。作其卽位、乃或亮陰、三年不言。其惟不言、言乃雍、

不敢荒寧、嘉靖殷邦、至于小大、無時或怨。肆高宗之享國、五十有九年。(1)

(其れ高宗に在りては、時れ舊《ひさ》しく外に勞し、爰《ここ》に小人と曁《とも》にす。其の位に卽くに作《およ》びて、乃ち亮陰にして、三年言はざる或り。其れ惟れ言はざるも、言へば乃ち雍《やはら》ぎ、敢て荒寧せずして、殷邦を嘉靖したれば、小大に至るまで、時れ怨むこと或る無し。肆《ここ》に高宗の國を享くること、五十有九年なりき。)

【大意】

高宗は在野にて久しく経験を積み、人民とのつきあいもあった。王に即位すると「亮陰」三年の間言葉を発しなかった。言葉を発しなかったのではあるが、ひとたび発するや国は穏やかになり、混乱に陥ることなく殷の国を安泰に導いたので、王の治世に不満をもつものはなかった。それで高宗は五九年もの長きにわたり国を治めることができたのである。

これは周公が語る部分のうち、高宗について述べた部分である。『史記』「魯周公世家」にも同じ趣旨のことが書かれているが、「魯周公世家」では「亮陰、三年不言」とだけ記されていて「服喪」のことは記されず、言語を発すると大いに治まり、五九年の長きに及んだことだけを述べている。

ついで商書「説命上」篇。ここに掲げるのは経典として読まれてきた『尚書』所収のテキストである。ここで一言しておきたいのはテキストの問題である。近年陸続と発見されている戦国時代中期頃と目される楚の竹簡にも「説命」と仮に命名された別のテキストが含まれていることが分かり、現在大いに注目を集めているのだが、[2]経典のテキストとは全く異なる内容であることから、この楚簡こそが真正の古文尚書であり、今まで経典として読まれてきたテキストを偽物だと断定する議論まで出ている。だがこのような考え方に私は従わない。古代文献はもともと口頭で伝承されてきたものを後にテキスト化したものであるから、その伝承過程で異なるテキストが発生する可能性が高い。いわゆる異本や異聞である。今回参照した『清華大学蔵戦国竹簡（参）』所収の「説命上」の「説命」にも別の「異本」が存在した可能性が記されている。[3]実際「老子」と呼ばれるテキストも戦国楚簡や漢簡・漢帛など様々なテキストの簡牘類が出土している。口頭で伝承されてきた文献は早い時期にテキスト化されたことがあっても、時を隔てて別の所から別のテキストが出土するという現象が起きている。しかしこうしたテキストが当初から文字言語として作文されたものだという考え方が前提になっていると、どれかが真正のもので、そうでないものは偽書と見なすことになる。最初から文字で書かれた原テキストがあり、それを印刷して書物の形にしたものが広く普及する時代なら話しは別だが、テキスト化された時期すら手探りの状態で推測している段階では、確たる根拠もなく偽物と本物を鑑定することなど不可能なことなのである。そもそも真正の「尚書」とは何だろう？　そのようなものが存在するのであろうか？「尚書」ではないかとされる様々な伝承テキストが陸続と出土していることから考えると、「尚書」とはどのような種類のものなのかということを振り出しに戻って考える必要があるように思われる。以上のような考え方から伝承「尚書」所収の「説命」篇を異なるテキストの一つとして読み進めていくことにしたい。

王宅憂亮陰三祀。既免喪、其惟弗言、群臣咸諫于王曰、「嗚呼、知之曰明哲。明哲實作則。天子惟君萬邦、百官承式。王言惟作命。不言、臣下罔攸稟令。」王庸作書以誥曰、「以台正于四方、惟恐徳弗類。茲故弗言。恭默思道、夢帝賚予良弼。其代予言。」乃審厥象、俾以形旁求于天下。説築傅巖之野。惟肖。爰立作相、王置諸其左右。命之曰、「朝夕納誨、以輔台徳。若金、用汝作礪。若濟巨川、用汝作舟楫。若歲大旱、用汝作霖雨。啓乃心、沃朕心。若藥弗瞑眩、厥疾弗瘳。若跣弗視地、厥足用傷。惟暨乃僚、罔不同心、以匡乃辟。俾率先王、迪我高后、以康兆民。嗚呼、欽予時命、其惟有終。」説復于王曰、「惟木從繩則正、后從諫則聖。后克聖、臣不命其承。疇敢不祗若王之休命。」

（王　憂ひに亮陰に宅《を》ること三祀。既に喪を免ずれども、其れ惟れ言はざれば、群臣咸《みな》王を諫めて曰く、「嗚呼《ああ》、之を知るを明哲と曰ふ。明哲實に則《のり》を作《な》す。天子惟れ萬邦に君として、百官式《のり》を承く。王言へば惟れ命と作《な》る。言はざれば、臣下　令を稟《う》くる攸罔《ところな》し」と。王庸《もつ》て書を作り以て誥《つ》げて曰く、「台《われ》の四方に正たるを以て、惟《すなは》ち徳の類せざることを恐る。茲《こ》の故に言はず。恭默して道を思ひ、夢に帝 予に良弼を賚《たま》ふ。其れ予に代りて言はんとす」と。乃ち厥《そ》の象《かたち》を審《つまびら》かにし、形を以て旁《あまね》く天下に求めしむ。説 傅巖《ふがん》の野に築く。惟れ肖《に》たり。爰《ここ》に立てて相《しやう》と作《な》し、王 諸《これ》を其の左右に置く。之に命じて曰く、「朝夕 誨《をしへ》を納れ、以て台《わ》が徳を輔《たす》けよ。若《も》し金ならば、汝を用て礪《れい》と作《な》さん。若し巨川を濟《わた》らば、汝を用て舟楫《しうしふ》と作さん。若し歳大いに旱《かん》すれば、汝を用て霖雨《りんう》と作さん。乃《なんぢ》の心を啓《ひら》きて、朕が心に沃《そそ》げ。若し薬《くすり》 瞑眩《めいげん》せざれば、厥の疾《やまひ》 瘳《い》えず。若し跣《せん》して地を視ざれば、厥の足用て傷つく。惟れ乃の僚《れう》と、心を同じうして、以て乃の辟《きみ》を匡《ただ》さざること罔《なか》れ。先王に率《したが》ひ、我が高后を迪《ふ》みて、以て兆民を康《やす》んぜしめよ。嗚呼《ああ》、予が時《こ》の命を欽《つつし》み、其れ惟れ終り有らんことを」と。説 王に復して曰く、「惟れ木縄に従へば則ち正しく、后《きみ》 諫めに従へば則ち聖なり。后克《よ》く聖ならば、臣命ぜざるも其に承けんとす。疇《たれ》か敢て王の休命に祗《つつし》み若《したが》はざらんや」と。)

【大意】

王が憂いに沈み亮陰にあること三年を過ぎた。喪中はとっくに明けているのに相変わらず言葉を発しない。これでは困ると臣下たちは王を諫めた。聡明で道理をわきまえた王は則《のり》を垂れるもの。天子たるものは万邦の君主として臣下に臨み、百官の臣下は王の発する命を承るものです。王が言葉を発してこそ王命となるものですが、言葉を発しないのであれば、臣下は王命を受けようがありませんと。それを聞いた王は、書を作って告げて言った。「余は四方に長たるものの、徳のいたらぬことを恐れるがゆえに言葉を発しなかったのである。どのようにすればいいものかと私なりに天帝におはかりしたところ、夢に天帝が現われ、私に良き補佐役を与えて下さった。その者が私に代って言葉を発するというのである。」と。そこで夢に現われた補佐役の姿形をつぶさに描き、その者を天下の隅々まで探させた。名を説という者が傅巌の野にいるとのことで、この者の姿形がよく似ているという。そこでその者を召して大臣とし、王の側仕えを命じた。（以下詳細は省くが、王はその者に、王の補佐役として手となり足となることを命ずる言葉を長々と続け、説の方も王に復命する言葉で応じる。）

冒頭に「王宅憂亮陰三祀。」とあって「宅憂」が加えられている。「亮陰」の意味が分からないので、「服喪」の意味にするための後世の付加部分であるかも知れない。注目したいのは「三祀」という殷の紀年形式になっている点である。殷代では「三年」とせずに「三祀」と表記する。「年」は穀物の稔ることを示す意味にだけ用いられていた。西周時代になるとこれが「王三年」のように記される。これが周の紀年形式である。前掲の周書「無逸」篇に「亮陰、三年不言」と記されていたとおりである。してみると、『論語』の「高宗諒陰、三年不言」という文言そのものが西周時代以降に周の紀年形式に改められたことになる。しかしながらここでも「亮陰」の意味がやはり分からない。今この点については横においておき、後の部分、群臣が王を諫める部分に進むことにしよう。「『王言へば惟れ命と作《な》る。言はざれば、臣下 令を稟《う》くる攸罔《ところな》し』と。王庸《もっ》て書を作り以て誥げて曰く……」となっている。王が言語を発すれば王命となるが、言語を発しないと拝命のしようがないとたしなめられたのに対して、王は書を作って告知したとしている。文字がいつ作られたかを知らないままこの箇所を読むと何も感じるものはないだろうが、武丁の時に文字が発明されたことがほぼ確実であるという知識をもって読むと、ここは非常に大きな意味を持ってくる。つまり、武丁は即位したはじめの三年間は言語を発しなかったが、ずっと言葉を発しないままでは、儀礼や命令を発する場（儀礼空間）で王としての役割を果すことができず、臣下としては困るのだということを言っている場面である。そこで高宗は「書」を作成し王命を発したと記しているのである。王自身は言語を発しないが、その代わりに文字でもって言葉を記し、発令したという意味に読める箇所である。武丁が言語を発することができないとすれば、王に代わって声を発する人物が必要になってくる。それが傅説という名で伝えられてきた人物として登場するのである。傅説の「傅」には補佐するという意味があり、武丁の発声・発語を助ける意味ともとれる名前である。あるいはこの間の事情を反映しているのかも知れない。文字というものはもっぱら言語を声で発することによって伝えていた社会、声を直接発することに重要な意味があった無文字社会の中で生まれたのだということを、念頭に置いて考える必要があるだろう。

三　「亮陰（諒闇・諒陰・亮闇）」とは何か？

ここで「亮陰」の意味についての私案を提示する。郝敬《かくけい》『尚書辨解』(4)などに「亮は明なり、陰は暗なり。」とあるように、「亮」を「明」、「陰」を「暗」と捉える。ただしこれを「居喪の名」と解釈してしまうと、例によってあの伝統的な解釈の枠組みにはめ込んでしまうことになるので採らない。「亮陰」という概念は光の明暗を示すのみならず時間の明暗つまり明るい時間と暗い時間をも示すものではないかと考える。そういう意味での具体的な例として、西周金文に頻出する祭祀用語「夙夕」や「夙夜」を挙げることができる。これらは「敬夙夕、勿灋朕令」（夙夕を敬しみて、朕が令を灋《す》つることなかれ）《蔡𣪘》、あるいは「效不敢不萬年、夙夜奔走、𩰫公休奕」（效敢へて萬年まで、夙夜奔走して、公の休奕に揚へずんばあらず。）《效尊》のように用いられ、宵と拂暁との祭祀時間を示すとともに、祭祀そのものをも示すものである。「夙夜」は『詩経』にも用例が見え、「無廢朕命、夙夜匪解」（朕が命を廢する無かれ、夙夜解《おこた》るに匪《あら》ず）〈大雅「韓奕」〉、あるいは「我其夙夜、畏天之威」（我其れ夙夜して、天の威を畏る）〈周頌「我將」〉のように用いられる。やはり祭祀時間であるとともに祭祀そのものを示すものである。さらに「夙夜」と同義語で「朝夕」も用いられる。「三事大夫、莫肯夙夜、邦君諸侯、莫肯朝夕。」（三事大夫、肯て夙夜するなし、邦君諸侯、肯て朝夕するなし。）〈小雅「雨無正」)。このように、同じ詩篇の中で同義語であるべき位置に用いられていることから見ても、このことが裏付けられる。なお馬瑞辰に「夙夜」を「蹴踖」の仮借だとして「懼れ慎しむ」の意だとする考え方があるが、文脈だけからそのような解釈を捻出した窮余の案で、「夙夜」を「シュクセキ」と読んだり、「朝夕」をも「シュクセキ」と読まなければならないので従いがたい。そもそも「蹴踖」そのものが、「叔昔」という仮借に足という意符が加わえられることによって表記が可能になった形容語であろう。やはり祭祀の時間あるいは祭祀そのものを示す語と解釈するのが妥当と思われる。

「高宗亮陰、三年不言」を伝統的な「服喪」という考え方から解放して「亮陰」を「夙夕」「夙夜」「朝夕」に相当する語と見なして読み直してみてはどうか? そうすると、高宗は亮陰すなわち祭祀において三年間言語を発しなかった、ということになる。王が王として活動する場は、王として命令を発したり、神々に向かって言葉を発したりする宮廟である。政事と祭事とが分離していく後世の空間であれば、それぞれ別の空間が用いられることになるが、古代宗教的な支配形態をとっていた古代王朝においては、発令の場である政事空間も祖先を祀る祭事空間も、ともに宗廟という祭祀空間において行われる荘厳な儀式の中で、口頭による祭祀言語を発してなされたものである。そのような場において王が言語を発しないという異常な事態は、長く語り伝えられる事柄であったと思われるのである。こうして、武丁の時に文字が発明された背景と、それが要請する情況とがようやく明らかになってくるのである。

四　武丁の疾病卜辞

次に甲骨文資料の中からこうした背景を物語る手がかりを得たいと考える。卜辞には王の疾病を占うものがかなりある。例えば「甲辰卜出貞、王疾首亡⿰彳止」（甲辰卜して出貞《と》ふ、王首を疾《や》めるに⿰彳止《ながび》くこと亡きか。）というように身体の特定の部位を示すことが多い。また「貞、王疒、帚好不隹孽。」（貞ふ、王の疒《なや》めるは、婦好隹れ孽《わざはひ》するならざるか。）のように精神的な悩みを卜している場合もある。以下、占卜の回数が甲骨片に反映していると考えて回数の多いものから列挙してみた。

①己丑卜䍃貞、㞢疾齒。父乙。隹㞢聞。［H13651］……［歯］三〇片
（己丑卜して䍃貞ふ、齒を疾《や》むことあらんか、父乙なるか。これ聞《ぶん》することあるか。）
②貞、疾足、〓。（貞ふ、足を疾めるは、〓《たたり》あるか。）［H7537］……［足］一三片
③貞、御疾腹于父乙。（貞ふ、腹を疾めるを父乙に御《ぎょ》せんか。）［H13668］……［腹］一〇片
④貞、疾目、不⿰阝希。（貞ふ、目を疾めるは、⿰阝希《たたり》あらざるか。）［H13628］……［目］九片
⑤□子卜（貞）、㞢疾言（舌）、□御。［H13638］……［言または舌］九片
（□子卜して貞ふ、言（舌）を疾むことあるに、（　）御せんか。）
⑥甲辰卜出貞、王疾首亡⿰彳止」［H24956］……［首］八片

（甲辰卜して出貞ふ、王 首を疾《や》めるに征《ながび》くこと亡きか。）
⑦貞、疾耳、隹㞢壱。（貞ふ、耳を疾めるは、これ壱《たたり》あらんか。）［H13630］……［耳］三片
⑧貞、王聴隹孼。（貞、王の聴にこれ孼《わざはひ》あらんか）［H110］……［聴覚］一片

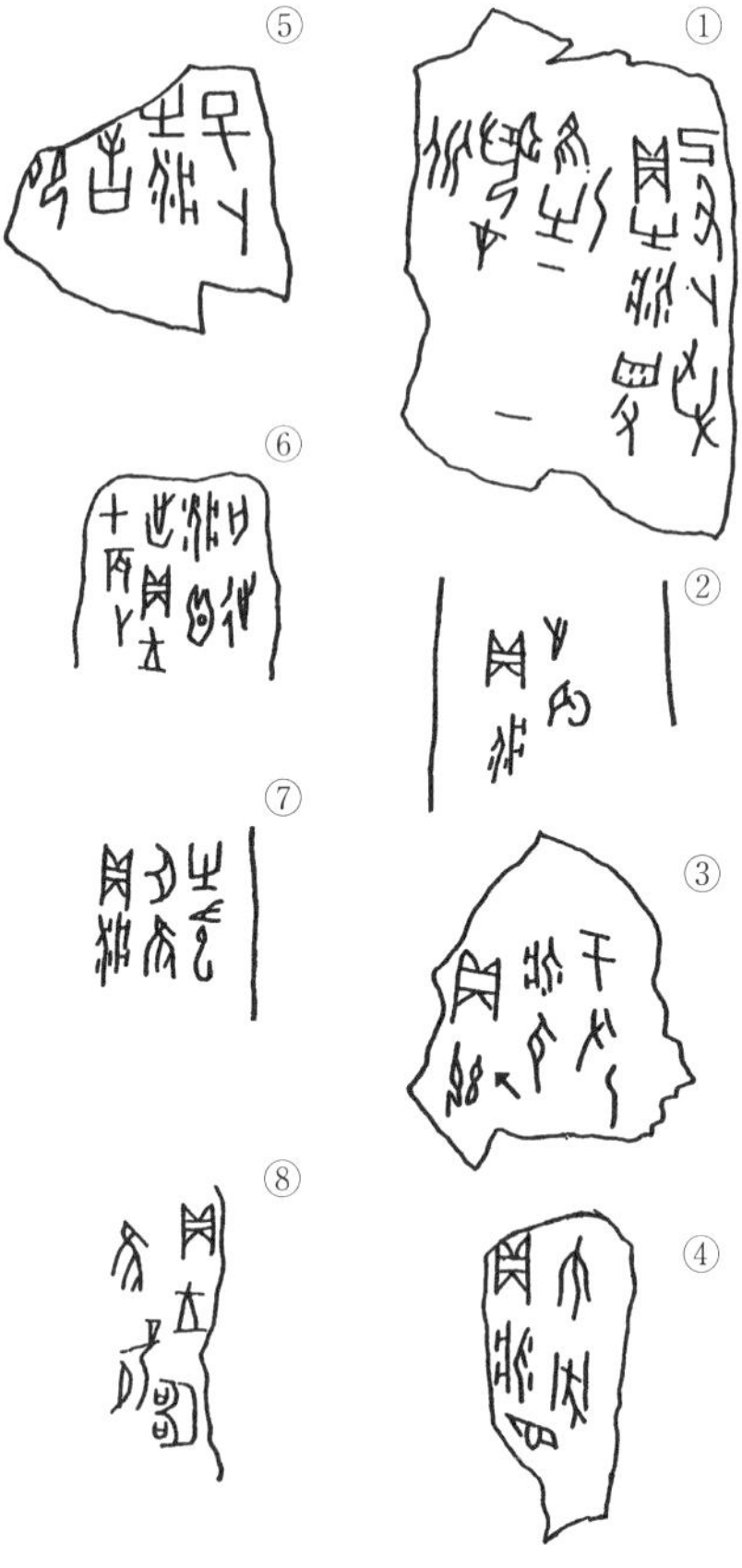

図19　武丁の疾病関係の卜辞

①歯痛は人間にとって避けがたく、また一体何物のなせるわざなのか、といった気分になる点では現代の我々も同じである。⑥は首を病むと読んでムチウチのようにも思えるが、首は首筋ではなくむしろ頭のことだと考えられるので、ひどい頭痛のことではないかと思われる。歯

痛との関係が深いかも知れない。殷王は祭祀も多く休む暇もないほど多忙だったのかと想像される。

②足を痛めるということもあった。殷王は狩りあるいは軍事訓練的な意味をもつ田猟に出向くことが多かったことと関係があるだろう。

④目を病むとはどういうことか。在世期間の長かった武丁のことであるから、次第に視力が衰えていったことを物語るものかも知れないが、「衛王目于匕己。」（王の目を妣己《ひき》に衛《まも》らんか。）［H39636］という卜辞も見え、先王の亡妃妣己のなせるわざと見て、目の病いをまもることを占うこともあった。

⑦目を病めば耳を病むのも老化現象であろうと考えてしまいやすいが、聴力の衰えは視力の衰えよりもずっと遅れてやってくる。視力の衰えほどには自覚しにくいのが一般的であるし、さほど差し障りがあるわけではない。⑧は神の声を聞く力に障害が出てきたか、あるいは聴力に障害を来していることを言う卜辞であると考えられるが、そうだとすれば、⑦は耳鳴りなど耳の直接的な痛みであるかも知れない。ここで注意したいのは⑤の卜辞例との関係である。⑤は字形が「言」とも「舌」ともとれる字形である。しかしいずれの字形と考えてもこれは、言語障害があることを物語るものである。言語障害というものは聴覚障害に原因があることは現代では常識的な知識になっている。幼児期に聴覚障害が見つかった場合、早期に言語訓練を施すことによって、発語能力をかなり健常な状態に近づけることができる。しかしこれは現代医

学の発展によって発見された知識であって、二〇世紀もかなり後半になってから徐々に共通認識になっていったものである。それまでは、言語障害は発語器官に障害があるものと考えられていた。あるいは脳に原因があるのではないかと考えられたりもしていた。しかし現代医学によって明らかになった知識も、古代人には謎であった。『尚書』「説命上」が伝えるところの武丁はこの聴力障害による言語障害をあのような記述で伝えるものではないかと考える。口頭言語のみの社会において王が言語を発しないということは、王としての役割を果たすことができない。それを解決するための方法を講じなければなるまい。しかしそれにしても、武丁という王はよほど人間的な魅力をそなえた人物だったのではないかと想像されるのである。

第五章　「口（ㅂ）」の原義について

一　白川文字学の方法——共時言語学と通時言語学

ここでは口の原義と変遷について述べるのであるが、それに先立って白川文字学の方法について一言しておきたい。

白川文字学は白川静の文化勲章受章を契機に広く知られるようになった。白川が甲骨文の全てをトレースしたことなどもよく知られるところである。だからこそ白川静の字源説には説得力があるのだというふうにも受け取られている。このこと自体は間違っていないが、しかしどのようにして白川文字学の体系が築かれたかという点について、十分に理解している人は意外に少ないように見える。これは文字学が対象とする甲骨文や金文があまり馴染まれていないということと関係しているものと思われるが、それと同時に古代中国の文化と歴史に対する専門外の人たちの理解があまり深くないこととも関係があると思われる。白川文字学は文字学のための文字学ではなく、もともと『詩経』をその時代の作品として読むために取り組まれたものであって、中国の古典文献を読むために始められたものである。したがって文字の成り立ちや意味を考える場合にも、古典文献の用例を常に念頭に置いて考えられている。ここが他の文字学と大きく異なる点である。白川文字学が難しいとすれば、それは古代中国の文化や歴史に対する一般の理解や知識が、以前よりも弱くなってきたことに原因があるのではないか。私の見たところ、漢文教育を十分に受けた世代には白川文字学が説得力のある説に見え、そうではない世代には難解に見えてしまう、ということのように思える。

ここでは白川静が文字学の体系を築くまでの学問的な道のりを簡単にたどってみたいと思う。ただ白川の「私の履歴書」(3)とも重なる所が多いので、詳細についてはそちらに譲り、ここでは文字学の形成過程に絞ることにする。

1　白川文字学の共時言語学的側面

白川が学問に志した当初の研究対象は『詩経』と『万葉集』であったことはよく知られるとおりである。だがここでは『万葉集』のことは横に置いて『詩経』に絞る。白川が『詩経』の研究に志した時代は、詩篇から教えを読み取る経学的研究がまだ一般的な時代であった。しかしそのような読み方から脱して、詩篇をその時代の作品として理解するには、詩篇に用いられている語彙をその時代に用いられた意味で理解する必要がある。理屈では当たり前のことであるが、原義がすでに忘れられてしまったものも少なくないので、それを復元することは容易なことではない。復元するには当時の言語を記した出土資料が必要になってくる。それが西周時代の金文であった。そこで白川の詩経研究は金文研究に向かった。しかも白川の研究方法は徹底的なもので、金文に出てくる全ての語彙の用法をその用例から洗い出し、意味を絞り込んでいくというやり方を採る。そのために白川は金文の語彙索引を作ってそれを座右に置いていたのである。こういう実に地味な作業を最初にやっておいて、語彙の分析に入っていったのである。このような方法は、ソシュール言語学の言い方に従えば共時言語学に当たる。白川の文字学は字形の成り立ちを云々する前に、文字が示している語義の探究に向かったのだが、語を示しているのは文字であるから語義を考える際にはその文字の成り立ちも勘案しなければならない。こうして字源を考える文字学へと向かっていくのである。が、ここまで来ると研究の対象は金文だけに留まっているわけにはいかない。西周の金文よりも前の時代の文字である殷代の甲骨文に向かわねば字源論にまで届かないからである。ただここでことわっておきたいのは、西周時代の金文と殷代の甲骨文とは全く別の文字のように思われがちだが、青銅器に刻った文字（金文）と亀甲獣骨に刻った文字（甲骨文）という媒体の違いがあるだけで、基本的には同じ字体であり文字構造だということである。だからこそ金文研究の延長上に甲骨文の研究が展開できるようになっている。ただし文字で記された言語の世界は甲骨文と金文とではかなり異なるので全く同じように進めることはできないが、字形を認識する場合は基本的に同じである。

こうして白川の研究対象は金文研究で進めていた語彙研究を土台にしながら、甲骨文の語彙研究に進んでいった。言い換えれば、甲骨文の共時言語学へと進んでいったのである。このようなアプローチでもって進められた甲骨文の研究は共時言語学であると同時に字源論の契機をも具えるものであった。言語の面だけからいえばこういうことが言えるのだが、言語は社会的なものであるから、詩篇が歌われた古代社会特有の世界観や価値観、風俗習慣が内在しているはずである。これには民俗学的なアプローチが必要になってくる。かくして白川は、言語学的なアプローチと社会学的なアプローチという車の両輪でもって古代社会を復元するという、壮大な構想の中に踏み込んで行ったのである。

2　白川文字学の通時言語学的側面

甲骨文と金文に基づいて文字学の体系を築いた白川の方法の一端を述べた。ここまではいわば白川文字学の共時言語学的な側面である。白川文字学にはもう一つの重要な側面がある。それは、文字の意味すなわち語義が時の推移とともに変化していった現象をも視野に入れている点である。そのような白川文字学の側面を通時言語学または歴史言語学ということができる。白川は文字の原義を考察するだけでなく、その後語義が変化していった様相をも視野に入れその変化の過程を描き出していくのである。そうした考察の示されているのが『甲骨金文学論叢』(2)に収められた諸論考である。このことは非常に重要なことであるにもかかわらず意外に知られていないことなので、一言する次第である。

言語の意味が変化する原因が自然発生的なものなのか、あるいは社会が変化することによって言語の意味にも変化が生じるのか、原因は種々様々に考えられるが、甲骨文の時代から金文の時代へと移行したこの時期は、王朝が殷王朝から西周王朝へと移行した時代である。だがこの王朝の交代劇を殷周革命という言葉で示すことがあるように単に王朝が交替しただけではなかった。殷を滅ぼした後、西周王朝は支配の仕方そのものを大きく変えてしまうのである。殷王朝の場合は、殷王を宗主とする古代宗教的な秩序を形成していたのに対して、西周王朝の場合は、諸氏族を王朝の官職に任命する形をとって王室の支配下に置こうとしたのである。端的にいえば、殷の宗教的支配から西周の政治的支配へと大きく転換していったということになるのだが、こうした社会的変化をも含めて殷周革命と呼ぶのである。

図20 『甲骨金文学論叢』

王国維はこの変革について「中国における政治と文化の変革で殷周の際ほど激しいものはなかった。」（「殷周制度論」[3]）と述べている。この件についてはまた後ほど改めて述べるのでここでは詳述を避けることにして、この新しい支配方式の動きが西周時代中期から始まる。このことを示す一群の銘文を冊令（命）形式金文と呼ぶ。官職に任命されるのは周系の氏族だけでなく、殷系の氏族もあった。また殷系の氏族の中には殷王朝で文字を扱う仕事を担掌していた者もいる。彼らはこの官職任命式において任命式に関わる一連の職務に「史」や「内史」「作冊」の職名で登場するのである。「史」については後で改めて見るように、殷代ではそのような文書を扱う官職の意味ではなく、祭祀の一種を示す文字（語）であった。

殷代から西周時代にかけての時期はこのような歴史的背景があるので、「史」以外にも語義の変化する文字（語）が見られる。例えば「師」の初文「𠂤（ϑ）」は甲骨文では軍や軍の駐屯地・いくさの意味として用いられていたのだが、西周時代に入ると師官の意味となり、更に師匠や楽官の意味にもなっていくのである。また別の原因で意味が変化する文字として「文」や「南」なども挙げられ、これらについても具体的に言及したいところだが、話題が拡散するので今は横に置いて進めることにして、ここで一言しておきたかったのは、白川文字学はこのような語義の変遷も視野に入れながら字源論を展開しているということである。これから「史」字に焦点を当てて述べていくのは、一つには「史」に見える「𠙵」字形の原義が文字誕生の背景を示唆しているからであり、今一つは「𠙵」字形が後に発声・発語や肉体部位つまり器官としての口の意味にも拡張されていく過程も、「史」という文字（語）の概念に内在しているからである。

二　なぜ「口（𠙵）」字形について考えるのか

なぜ「𠙵」字形について考えるのか？　先ずこの問いから始めたい。そもそも口字形は何を描いたものであろう？　いわゆる楷書の字形だけを見て文字の成り立ちを考える向きは口以外のものを想定しないだろう。事実口偏関係の吸・呑・叫・呻・吟・咽・喉・咳・唇等を見ていると疑いもなく口に関係のある文字だから、それ以外のことは到底考えられないし考える必要もないと思うだろう。長らく文字学の聖典として尊敬を集めてきた『説文解字』で、許慎は「人の言食する所以なり。象形」と記している。言語を発したり飲食したりする肉体部位としての口の形を示しているという認識である。ここまで来るともはや疑いを挟む余地すらないので何も改めて検討するまでもないように見受けられる。だが実は前掲の文字たちは甲骨文に出てこない後世の形声字である。口に関係のある語であることを明示するために「口」字形を付加して作られた文字なのだから、口を意味しているのは当然のことなのである。

図21　郭店楚簡「五行」より

今我々が用いている楷書で口の形に書いている文字は、漢字の原初形態である甲骨文や金文ではㅂのように描いていた。また右に掲げた戦国時代中期の楚簡[4]の字形を見ても印象は大きく変わらない【図21】。むしろ文字の上部が左右から上に突き出た形が強まり器の印象がより強くなっているほどである。だがこの文書では、「耳目鼻口手足六者心之返也」と記されていて、明らかに口の意味で使っている。実は前述の許慎が用いていた字形も「𠙵」字形であった。これを許慎は「人の言食する所以なり。象形」と説いた。𠙵字形を部首として、口に関係する語を文字化して用いていた時代の認識としては当然のことである。

だが例えば「各」という字はどうだろう? 甲骨文では「」と書いて明らかに足（）」が「𠙵」字形に向かって降りる形になっている。『説文解字』の書体「」では多少書き方に差異が見られるものの、足の形の名残は留めている。が、許慎は口と足の組み合わせの意味する所を説きえなかったようで、「詞を異にするなり。口夊に从ふ。夊は行くこと有りて之を止むるも、相聴かざるなり。」と記して、各々が勝手なことを言う、という複雑な解釈で語義を説いているのである。許慎がしばしばこういう複雑な解釈をするのは甲骨文を知らなかったがためで、文字の構造を分解しておいて後で二つの字形要素の意味を結合させて辻褄を合わせようという観念的な操作を加えるからである。『漢和辞典』の著者たちもこの文字については手を焼いているようで、語としての意味を説きはしても、文字の成り立ちの説明にはなっていないようである。それは「各」の意を「各自・それぞれ」の意味としてだけ捉えているためにこのような苦しい説明を捻り出さなければならないのである。

甲骨文の用例によれば、「王其各大乙（王其れ大乙に各《いた》る）」［H27318］のように用いたり、あるいは「各云自東（格雲東よりす）」［H10405］のように、向こうからやって来る雲を示したりしていることから分かるように、「いたる（格）」の意味に用いる文字（語）である。西周時代の金文になると「各（各）」という文字を使うだけでなく、「各」に「宀」字形を加えて「王客于康宮（王 康宮に客《いた》る）」《衛毀》［S4210］[5]【図22】、「王客于般宮（王 般宮に客《いた》る）」《利鼎》［S2804］【図23】というように「客」という文字を使うこともある。あるいはまた「各」字形に「行」字形の左半分を加えて、「⿰彳各于大室（大室に⿰彳各《いた》る）」《師虎毀》［S4316］【図24】のように「⿰彳各（⿰彳各）」字を用いたり、「各」字形に「止」字形と「行」字形の左半分とを加えて「王⿺辶各于庚贏宮（王 庚贏の宮に⿺辶各《いた》る）」《庚贏卣》［S5426］【図25】のように「⿺辶各」字を用いることもあって、付加される限定符が多様化するが、各・客・⿰彳各・⿺辶各のいずれも各自の意味に用いず、もっぱら「いたる」の意味にのみ用いており、基本的な意味を示しているのは「各（各）」字であることが分かる。付加する限定符に違いがあるのは、語の内包する意味のうちどこに焦点を当てるかによって表現が異なるのであろう。例えば「宀」という限定符を付加した「客」の場合は、王のいたる場所である宮廟に焦点を当てたもの。「行」字形の左半分を付加した「⿰彳各（⿰彳各）」の場合は、そこにいたる過程に焦点を当てたものである。そして「止」字形と「行」字形の左半分とを付加した「⿺辶各」の場合なら、そこにいたる動きそのものに焦点を当てたものである。限定符がこのように多様に用いられている現象は、付加する限定符についての約束事が西周時代にはまだ決められていなかったということを意味している。どの限定符を付加する

図 24　師虎毀「格于大室」

図 23　利鼎「王客于般宮」

図 22　衛毀「王客于康宮」

かは書記者の判断によるものであった。また別の言い方をすれば、会意とか形声というような意識的に文字を複合して新しい文字を作り、字形を確定する段階に入っていないということでもある。

字形のことから少々横道に逸れたが、こういう問題も考えあわせた上で元の話題に戻すと、字の成り立ちを考える場合にはやはり語としての意味を踏まえて考えなければならないはずである。この「各」字は何者かの足が「𠙵」に向かって降りてくる形を示している。それをどう解釈するかというふうに問題を設定しなければならないはずである。してみると「𠙵」字形が何を示しているのかを考えることが、最も大きな問題であることがはっきりしてくる。この問題を考えるためには、甲骨文が生まれた社会がどのような社会であったかということも絡んでくる。「各」が後に「各自・おのおの」の意味を示す文字としても用いられるようになる経緯については、「各自・おのおの」を意味する語の初出を踏まえた上で別の方向から考察しなけ

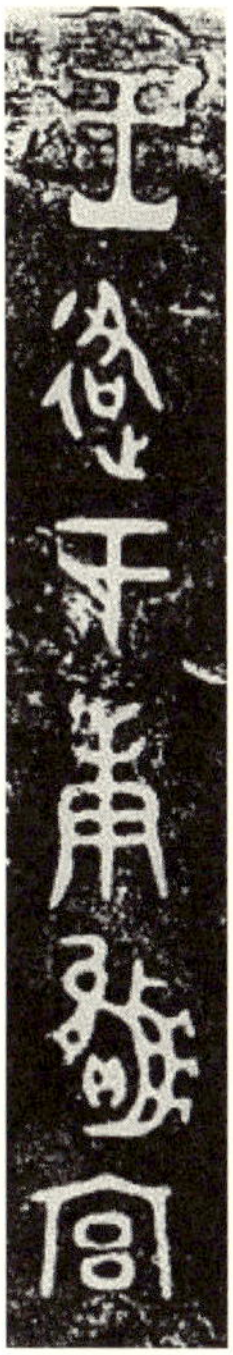

図 25　庚嬴卣「王逄于庚嬴宮」

ればならないであろう。この文字について今はこれ以上深く立ち入らないことにして次に進むことにしよう。

三　「史（）」と「告（）」について

白川静「釈史」のテーマは史の起源の追究である。史とは何かという問題を甲骨文を用いて再検討することを主軸としている。その中で「𠙵」字形の示すものが明かされる。それまで甲骨文を用いて史の起源を論じたものがなかったわけではないが、甲骨文の「史」の用法が分かりにくいために、金文の「史」の延長上に類推的に展開されるものがほとんどであった。金文における「史」は西周王朝における史官と捉えてほぼ差し支えなさそうに思われるので、これまでの解釈を特に書き換えることはなかった。従って「𠙵」は「（史）」のように史官が持っているものであるから、簡策の類あるいは官府の簿書であろうという推測がなされた。[(6)] ただこれを現代風に公文書と言い換えると、西周時代の実態とは大きくかけ離れてしまう。それに「𠙵」が簡策の形とも思われない。王国維は江永が唱えた簿書説を再検討した結果、「籌筭《ちゅうさん》（競射の際に用いる算木）を入れる器」であるとともに「簡策を入れる器」であるとするかなり白川説に近い考えを提示していた。[(7)] ここで白川の文章を引用しておこう。

私は結論的には王氏の簡策の器とする説に近い考えをもつものであるが、王氏が史を以て掌書の官とし、また史・事は一字にして卿史（卿事・卿士）、御史（御事）はみな本来官職の名であり、これを「王室執政の官」、「天子諸侯の官」と解して、

史の本義は、書を持するの人と為す。引申して大官及び庶官の称と為す。又引申して職事の称と為す。

といい、史の初義が執政者であったとするのに対して、私は史の本義は祭祀における祝告の義であり、また史・事はもと同源なるも、その間に幾分使用例を異にするものがあると考えるので、ここに史の祭祀起源説を提出し、いささかその証明を試みたいと思うのである。[8]

端的に言えば王国維をはじめ他の学者の説は甲骨文の用例に基づいた説ではなく、西周時代の金文やさらに時代の下る文献の用例に基づいた解釈である点で、字源論としては十分でなかった。字源論と一口にいっても用いる資料によって結論が異なってしまうことが、これら先学の説を見ることによってよく分かるのである。文字が言語を記録する記号であるという立場に立てば、時の推移とともに語義が変化する可能性を念頭においておかねばならないはずである。まして王国維自身「中国における政治と文化の変革で殷周の際ほど激しいものはなかった。」（前出）と述べているほど、殷代から西周時代への社会的変化は大きなものであったから、

なおさらそうしたことが起こりうると考えなければならないはずである。

そうした先学の説を視野に入れつつも、白川は甲骨文の用例を緻密に分析して、殷代の用例に則した結論を提示するのである。事柄は殷代のことであるから、古代宗教的な世界観が濃厚に漂っている。自然神や祖先神あるいは邪悪な神、魑魅魍魎といった霊的存在が跳梁する時代である。では「史（史）」が史官でなければ一体何であろうか？　白川は甲骨文の用例を徹底的に分析することによって「史（史）」の「𠙵」字形が「祝辞（神に祈る言葉）を入れた器」であり、それを捧持して行なう祭祀であるという結論を得るのである。

ここで白川のたどった跡を忠実にたどるのが白川説を厳密に理解することになるのだが、白川が拾い出してきた全ての資料を一々解説するのは煩瑣であるから、そのうち代表的なものを選んでそのエッセンスを伝えるにとどめておきたい。専門的な関心をおもちの方は「釈史」を読まれるのが良いと思う。用例の下には「史」が行なわれる対象が何であったかを示しておいた。

①□卯卜、河史…王受又。〔Y2348〕[9]　（注）河は河神。

②上甲史、其兄父丁彔。〔H32390〕　（注）上甲・「兄父丁」は祖神。

③大乙史、其征大丁。〔H27126〕　・大乙史、王其鄉。〔H27125〕

（注）大乙・大丁は祖神。
④祖丁史、至二…［H27292］　（注）祖丁は祖神。
⑤戊戌卜、祖丁史、其妣辛妣癸、王……。［H27367］　（注）祖丁・妣辛・妣癸は祖神。
⑥丁丑卜…小丁史、亻〔正〕。［H32642］　（注）小丁は祖神。

この用例を見て明らかなように史官の登場するような場ではない。「史」の対象は自然神ないしは祖神である。したがってそれは一種の祭祀であろうということになる。そしてその祭祀を担当する者が捧持する「ㅂ」とは何かという問題へと進んでいくのであるが、この問題を考える際には、「史」に近い用法をもつ文字（語）の「告（告）」や「史（使）」の用例が参考になってくる。

先ず「告（告）」字から見ることにするが、これも多数あるうちの代表的なものを選んだ。

⑦癸巳卜𡧍貞、告土方于上甲。四月。［H06385］
（癸巳卜して𡧍貞ふ、土方を上甲に告せんか。四月）
⑧癸卯卜𡧍貞、王令三百射、弗告十示……王𡆥。［H05775正］
（癸卯卜して𡧍貞ふ、王は三百射に令して十示に告せざるか。……王に禍あるか。）

⑨癸巳卜㱿貞、子漁疾目、福告于父乙。[H13619]
（癸巳トして㱿貞ふ、子漁の目を疾《や》めるに、父乙に福告《ふっこく》せんか。）
⑩其告于河。（其れ河に告せんか。）[H40419]
⑪癸卯卜貞、告〔于〕岳。（癸卯トして貞ふ、岳に告せんか。）[H14423]
⑫告于大甲祖乙。（大甲・祖乙に告せんか。）[H00183]
⑬己酉卜、召方來、告于父丁。（己酉トす、召方の來るを父丁に告せんか。）[H33015]
⑭貞、告𢀛方于祖乙。（貞ふ、𢀛方《くほう》を祖乙に告せんか。）[H06349]
⑮貞、令畢伐東土、告于祖乙于丁。八月。[H07084]
（貞ふ、畢に令して東土を伐たしむるに、祖乙と丁とに告せんか。八月。）

「告」の対象が自然神と祖神とである点で「史」と共通しており、近い言葉であることが分かるが、「史」が「𠙵」を捧持する字形であるのに対して、「告」が「𠙵」を「屮」に懸けている点が異なる。この「屮」は告以外では一般に「殸（磬）」や、「南（南）」「壴（壴）」などの楽器類を懸けるのに用いられている。祭祀儀礼において神々に届ける音を奏するために用いられる楽器はこのような枝に懸けたものだと思われる。それは神々との通交に用いられるものであるから聖なる枝だという捉え方である。聖なる枝というのは私の考えた言葉であるが、古代日本に類例を求めると榊がそれに相当する。この「告（告）」の場合は楽器ではなく神に奏上する言葉であったと思われる。その言葉を「𠙵」の中に入れ聖なる枝に懸けて奏上するということになるのである。この「𠙵」を白川は「祝辞（神に祈る言葉）を入れた器」と捉えたのである。

白川はその他多数の文献を駆使して周到な論証を展開しているので、後は「釈史」をご覧頂くとして、「告」は「𠙵」を聖なる枝に懸けて神々に奏上し、「史」は「𠙵」を捧持して神々に奏上するという形をとる。この「𠙵」を捧持する形姿を「爯冊（冊書を挙揚する意）」という語で表わす場合があることは、別の論考「作冊考」(10)で言及されるが、この場合にも「𠙵」を挙揚することに儀礼的な意味があったようである。ただ、「史」と「告」とが神に奏上するという点では同じような行為に見えながら、いくらか状況の差異がうかがわれる。「告」の用例では、𢀛方や召方・夷方といった殷王朝に従属しない諸族の来襲など危急の際に行われるのに対して、「史」がどのような場合に行なわれるのか記されないために詳細が不明な点である。神に奏上する行為である以上、祭祀儀礼には違いないのだが、どのような祭祀であるかまでは詳らかでない。それで白川は暫定案として、日本の月次祭《つきなみさい》のように定期的に行なわれた祭祀ではないかとして、これを「史祭」と呼んだ。

以上は白川説であるが、そこに口頭言語の世界を想定するとどうなるか。「𠙵」字形に注目して問題を私なりに捉え直してみることにする。「告」の場合は危急の際に祖神の助けを求める趣旨を記した冊書を入れこれを神に奏上する。もちろん口頭言語の社会であるから、これを朗唱したものと思われる。「史」の場合は詳細が不明であるが、仮に白川の案に従って定期的な儀礼だとするならば、神に奏上する定型的な祭祀言語があり、それを冊書に記して奏上するということになる。もちろんこれを口頭で朗唱する行為がともなう。定型的な祭祀言語であればわざわざ冊書を作るまでもないと思われるが、この「史」字の用例がほとんど甲骨文第一期に集中していることのもつ意味を念頭においておく必要がある。第一期とは武丁期である。ということは武丁期に「史」が必要な状況になり、第二期以後はその必要がなくなった、と考えるべきであろう。

四　「使（叓）」について

次に「叓（使）」字の用法に進む。この文字は「叓（史）」とよく似た文字であるが、棹の上部に吹き流しなどを付けて「叓（史）」と区別している。ただ相似た形であるだけに「史」の字を「使」の意味に用いられるという現象も一部で起きているが、それは例外的な現象で、相対的には使い分けられていたと見てよいと思われる。これも代表的なものだけを選んでおいた。

①乙酉卜賓貞、叓人于河、沈三羊、𠕁三牛。三月。［H05522］

（乙酉卜して賓貞ふ、人を河に使せしめ、三羊を沈め、三牛を𠕋《さく》せんか。三月。）
②乙酉卜貞、丁亥叓人于河。（乙酉卜して貞ふ、丁亥に人を河に使せしめんか。）［H05523］
③其大出」貞、勿叓人于岳。［鉄・二三・一］
（其れ大いに出づるか。」貞ふ、人を岳に使せしむること勿らんか。）
④叓人于岳。（人を岳に使せしめんか。）［H05519］［H05520］
⑤王于遲、叓人于美、于之及伐望、王受又。［H28089］
（王は遲に于《お》いて、人を美に使せしめんか。之に于いて望を伐つに及ばんか。王は祐を受《さず》けられんか。）
⑥貞、叓人于皐。（貞ふ、人を皐に使せしめんか。）［H07693］［H14474］
⑦貞叓人于我。（貞ふ、人を我に使せしめんか。）［H05525］［H05526］［H05527］
⑧貞、勿叓人于臽」王从沚戓。
（貞ふ、人を臽に使せしむること勿らんか。王は沚《し》戓《かく》を従へんか。）［林・三・四・八］
⑨癸巳卜㱿貞、叓人于臽（癸巳卜して㱿貞ふ、人を臽《さう》に使せしめんか。）［H05537］
⑩叓人于戓。（人を戓《かく》に使せしめんか。）［H05531］
⑪王叓人于沚。若。（王は人を沚《し》に使するに、諾なるか。）［H05530］
⑫貞、勿叓人于陝。不若（貞ふ、人を陝《い》に使せしむること亡《な》きか。諾せざるか。）［H00376］
⑬貞、叓人于妻。（貞ふ、人を妻に使せしめんか。）［H05532］

⑭貞、〓人于畢。（貞ふ、人を畢《ひつ》に使せしめんか。）［H05533］［H05534］

⑮……㱿貞、婦好〓人于眉。（……㱿貞ふ、婦好は人を眉に使せしめんか。）［H06568］

⑯貞、〓人于〓。（貞ふ、人を〓に使せしめんか。）［H05524］

「史」が対象とした祖先神の代わりに、「使」では他の部族が対象となっている。「使」の場合、使者が立てられ他部族に赴く。そして冊書に記された王の伝言すなわち王命を朗唱するということになる。その部族に伝えるということは直接にはその首長に伝えるということであるが、殷王朝を宗主とする宗教体制の中で考えるならば、殷王と他部族とは宗教的な君臣関係にあるので、単なる伝言ということではなくその部族の神に伝えることでもあるから、「使」の過程そのものが儀礼的な性格を帯びているのである。

また、「使」の場合も「史」と同じように甲骨文第一期に集中している。そこに共通した背景を想定しなければならないであろう。無文字社会においては、王命が遠い部族に向けて発せられた場合でもすべて口頭で伝えられてきた[11]。文字が発明された後もその伝統が残っており、口頭伝達が省略されるはずはない。ただ、武丁期に限って使者が冊書を入れた器である「𠙵」を携えて出向いていたということになる。では第二期（武丁期）以降はどうしたのかであろう。王朝からの使者が派遣されることがなくなったということではあるまい。もしもそうだとすれば王朝が衰退してしまったことになる。ここはむしろ冊書を使者がたずさえることがなくなって、口頭のみの王命伝達に戻ったと考えるのが自然であろう。と考えれば、武丁期に限り冊書が用いられた事情を考えなければならないということである。

なお、この部分に関する私の説明は白川の「史祭」の説明とは若干異なる解釈を示す結果となっている。いわば部分的な修正案を提示しているのである。白川の説明では、使者が他部族に赴き、そこで史祭を行なうという理解の仕方であった。「史」を史祭と捉えると「使」の場合にもそういう解釈を採らざるをえないということであろう。しかし「史」は殷の祖神に奏上するものではあるまいか。また何を奏上したものかが明らかではなかった。それで暫定案として月次祭のような定期的な祭祀と見なしていた。もしも白川のように史祭を他部族でも行なうと解するならば、その部族に殷の祖神が何らかの形で祭られている必要がある。この点に疑問が残るのである。そうして「使」という動詞一語で「使いする」の意と「殷の祭祀を行なう」の意味という、かなり位相の異なる意味を同時に示していると解釈する点にも少なからぬ抵抗を覚えるのである。ここはむしろ「使」字形を「ㅂ」字形が示すところの王命を挙揚した使者が遠く他部族に赴く形姿を示すと捉えた上で、使者が王命を伝える行為そのものが祭祀儀礼として行なわれたものと解すべきであろう。「」字が「使」の意味にも祭事の意の「事」にも用いられるのはそのような意味構造になっているからである。ではその王命とはいかなるものであったのか、そう捉え直した時に、殷の祭祀を行なうことを求める意味があったかも知れないという解釈が出てくる。そしてそのことを示すと思われる卜辞の存在に思いいたるのである。

この点については次節に述べるが、ここで「ㅂ」字形の捉え方の私案を記しておきたいと思う。「史」や「告」の場合には神々に奏上する行為であったから「ㅂ」字形は「祝辞（神に祈る言葉）を入れる器」という捉え方でよかった。だが「使」に見える「ㅂ」字形の場合には王命を宣下する意味に用いられているのであるから、「祝辞（神に祈る言葉）を入れる器」という言い方のままでは説明が十分ではない。言葉を奏上する意味と宣下する意味とを統一的に解釈できるような捉え方をする必要が出てくるのである。そこで私が提起するのが「祭祀言語を記録した冊書を入れる器」という案である。繰り返し述べてきたように祭祀言語を雅語と言い換えてもいいのであるが、本書ではこれを祭祀言語と呼ぶことにする。王は儀礼をともなう発令の場で王命を発してそれを冊書に記させ、それを使者にもたせて諸族に赴かせる。使者は赴いた諸族で王命を伝えるのであるが、その時肉声でもって伝えるということを行なうのである。このようなやり方はわが国の古代においてもそうであったし、古代における王命伝達の一般的な姿であったと思われる。白川は「ㅂ」字形を解釈する時、口頭で言語が発せられるということをほとんど想定しなかった。それで文字が独り歩きするような複雑な概念を与える結果になったのである。それだけではない。後にそれが口の意味にも拡張されていく過程を具体的に描くことができなかったのは、このような文字観に制約されていたためだと思われる。

五　「王事を載《おこな》ふ」――殷王朝の宗教的支配形態

【臯】貞、臯載王事。（貞《と》ふ、臯《かう》は王事を載《おこな》はんか。）［H05464］

乙未卜出貞、臯載王事、不𡆥。十二月。［H24116］

（乙未トして出貞ふ、臯《かう》は王事を載《おこな》はんか。死せざるか。十二月）

甲戌卜賓貞、賜臯取載王事。［H05458］

（甲戌トして賓貞《と》ふ、臯《かう》に取《しゅ》［地名］を賜ふに、王事を載《おこな》はんか。）

己丑卜牽貞、臯載王事。」貞、臯載王事。

（己丑トして牽貞ふ、臯は王事を載はんか。」貞ふ、臯は王事を載はんか。）［H00177］

【我】甲寅卜賓貞、我載王事。」貞、我弗其載王事。［H05480正］

（甲寅トして賓貞ふ、我［族名］は王事を載はんか。」貞ふ、我は其れ王事を載はざるか。）

【畢】貞、畢載王事。」貞、畢弗其載王事。［05480正］

（貞ふ、畢は王事を載はんか。」貞ふ、畢は其れ王事を載はざるか。）

【行】貞、行載王事（貞ふ、行は王事を載はんか。）［H05454］

【火】己酉貞、火載王事。」己酉貞、王其令火……［H32967］

（己酉貞ふ、火［族名］は王事を載はんか。」己酉貞ふ、王は其れ火に令して……）

【㠯】壬寅卜㱿貞、㠯載王事。（壬寅卜して㱿貞ふ、㠯［族名］は王事を載はんか。）［H00667］

【巛】貞、巛弗其載王事。（貞ふ、巛［族名］は其れ王事を載はざらんか。）［H06834正］

【受】己酉卜㱿貞、𠂤衆人、乎从受載王事　五月」甲子卜品貞、令受𡒊田于□方載王事［H00022］

（己酉卜して㱿貞ふ、衆人を供し、受を呼従するに、王事を載はんか。五月」甲子卜して品貞ふ、受に令して□方に𡒊田せしむるに、王事を載はんか。）

【召】貞、召載王事。（貞ふ、召は王事を載はんか。）［H05478正］

丙午卜賓貞、召弗其載王事。（丙午卜して賓貞ふ、召は王事を載はざらんか。）

【周】己卯卜允貞、令多子族从犬侯璞周載王事。五月。［H06812正］

（丙午卜して允貞ふ、多子族に令して、犬侯を従へ周に璞せしむるに、王事を載はんか。五月）

【犬】□酉卜、犬其載王事。〓。（□酉卜す、犬［族名］は其れ王事を載はんか。祟《たたり》あらんか。）

［H05470］

【長】戊辰卜㱿貞、長亡𡆥、載王事。」貞、長㞢𡆥、其載王事。［H05448］

（戊辰卜して㱿貞ふ、長に𡆥《とが》亡きか。王事を載はんか。」貞ふ、長に𡆥《とが》あらんか。其れ王事を載はんか。）

右に掲げた最初の卜辞を例に取ると、「王事」とは殷王朝の祭祀の意味であり、それを皐という部族が行なうかどうかを問うたものである。「王事」が王朝の祭祀の意味であるという解釈は、白川が『詩経』などの古代文献を駆使して考察しているのでここでは省略するが、もし皐がそれに応じて殷の祭祀を行なうことになれば、そのことによって殷王朝を宗主とする宗教体制の傘下に入る。いわば殷王朝との間に宗教的な君臣関係を結ぶのである。殷王朝は様々な部族とこのような関係を結ぶことによって宗教的に支配していた。このような支配形態を白川は宗教的な支配形態と呼んだが、殷王朝の支配下において統治するのではなく、直接支配するのはその部族の長である。したがって支配体制としてはゆるやかなもので、強力なものではないから支配という言い方があまり相応しくはないのだが、便宜上このように表現しておく他はない。古代宗教的な価値観が濃厚な古代王朝にあっては、このような宗教体制によって秩序が保たれているのが一般的であったようである。ここに見えている召・周・犬・長などは異族で有力な諸方や諸族である。また、皐・我・畢のように殷室と近い関係にあった諸族も見える。このうち注目すべき族は召族と周族であるが、第一期の甲骨文ということもあって、この用例を見る限りでは召族はまだ殷王朝の傘下には入っていないようである。だがその後召族は「西史召」と呼ばれるようになる。この呼び名は、殷王朝から見て西方にいた召族が殷の祭祀を積極的に行なうことによって、その宗教的体制あるいは秩序を保つのに大いに貢献していたことを意味するものである。これに類した呼び名は他に「北史衛」がある。衛もまた殷王朝の宗教的体制を保持する上で、大きな役割を果たしていた族である。今、白川の釈文に従って「西史召」としたが、この「史」とされた文字は「」であるから「使」あるいは「事」とした方がいいかも知れない。仮に「西使召」とするならば、殷王朝の西方の使者である召族の意味になる。また「西事召」とするならば、殷王朝の西方にあって殷の祭祀を行なう召族というほどの意味になる。「事」は後に「まつり」の意味をも表わすようになっていく言葉であることを踏まえて、そのように解釈することができるからである。いずれにしても召族は殷王朝の外郭にあって、殷王朝の宗教的体制をバックアップしていたことになる。ところがこの召族が殷代の最末期に至って西周王朝に付くのである。中国において支配形態が大きく転換していくのは、殷を滅ぼした西周王朝からであるが、この件については次章で述べる。

六　「𠙵」の捉え直し——祭祀言語を記録した冊書を入れる器

本章では「𠙵」字形が「祝辞（神に祈る言葉）を入れる器」だという白川説を「祭祀言語を記録した冊書を入れる器」と捉え直す。その理由を整理してみる。

1、「𠙵」字形の示す「祝辞」は甲骨文の用例を見た通り、「史」や「告」のように祖神などに祈る（奏上する）場合と、「使」のように他部族に発する（宣下する）場合との双方向に発せられるものであるから、「祝辞」という用語では片手落ちになる。そこで「祝辞」を「祭祀言語」と捉え直すのである。

2、白川が「冊書」とするのを慎重に避けていたのを、本書ではあえて「冊書」とした。なぜなら文字を記す媒体としての冊書が、甲骨文の誕生した当初からあったと考えるからである。その理由についていま一度ここで整理してみることにする。

甲骨文は、占卜という儀礼行為の記録として残されたものであることは周知の通りであるが、その他に、文字を記す媒体としての冊書も用いられたと考えられる。その理由の一つとしては、「𠙵」の中に入れる祭祀言語を記した冊書が想定できることであり、いま一つは、「[冊+𠙵]」の形からも分かるように「𠙵」の中に「冊」を入れる字形があることである。白川によれば、冊書の「冊」はもと犠牲に用いる聖獣を入れておく「柵」の形であったが、聖獣を聖別する儀礼の際にその数などを記しておくこともなされ、その時に冊書を用いた。その冊書を示すのが「[冊+𠙵]」字形に見える「冊」である。字源としては「柵」でありながら用例としては冊書の意味に用いられている事情を白川は十分に説明しなかったが、ここで私は、冊書は「柵」の形状をヒントにして作られたのではないかという私案を提出しておきたい[12]。亀甲獣骨に文字が記された他に何らかの媒体があったとすれば、後々まで用いられ続けたものである竹簡を想定する方が理にかなっているからである。しかしそれならなぜそのような竹簡の類が出てこないのか、という疑問が提出されるであろう。私の考えとしては一時的に用いられる竹簡は出てこないのである。口頭言語が重んじられた時代では、文字を記した媒体そのものは便宜的で一時的なものだと思われる。竹簡（木簡）というか竹片（木片）というか、一時的に使用されるものは再使用もされ、何度も使用された後で廃棄される運命にあったと考えられる。これは日本の律令制時代に使用された木簡類の使用状況からも分かることである。変な例だが、一九九二年に藤原京右京七条一坊で糞便貯留穴が見つかり、排便した後の尻ぬぐいに用いられた木簡片が出土している。中国でも同じような例として、敦煌か居延かの出土漢簡の資料の一つとして、便所から薄くスライスされた木簡の残骸が出土した例があり、そこからは便が検出されたという報告を聞いたことがある。亀甲獣骨に刻された甲骨文は灰坑に埋められたものが出土する場合が多いが、媒体が腐蝕するものではないので残ったのであって、冊書のように腐蝕してしまいやすい媒体は、使用後に廃棄されるか、あるいは近年陸続と出土する楚簡[13]のように、保存するための処理が施されたものだけが出土すると考えるのである。

3、具体的には次章で述べるが、西周時代中期に「冊令（命）形式金文」の銘文群の中に「冊書」が再び現われるのは、官職に任命する趣旨を記した王命としての冊書である。神に奏上する言葉を記した冊書ではなく、王から臣下に宣下する言葉を記した冊書がここにも出現するのである。となれば、「祝辞（神に祈る言葉）を入れる器」という表現ではもはや説明がつかない。次章ではこの問題を中心に述べていくことにする。

第六章　西周時代の「𠙵」の位相

一　西周時代の「冊令（命）形式金文」の時代へ

これから、白川の字説を踏まえながら、不明な点の解決策を述べていくことにする。ほぼ共通認識になっていることを踏まえた上で進めていくので、まずは西周前期から中期にかけての状況を簡単にまとめてみることにする。

西周王朝の武王が殷王朝を滅ぼした後も、殷の旧勢力（庶殷）がまだかなり残存しており、天下一統と呼べる状態ではなかったが、次の成王の時にほぼ完全に制圧し、洛陽・成周の地に彼ら庶殷を集めて統治下においた。この様子は、西周時代初期の青銅器《何尊》の銘文に「隹王初遷宅于成周。」（隹れ王初めて遷りて成周に宅《を》る）と記されていたり、『尚書』「召誥」篇などに新邑（成周）の大規模な建設について次のように記されていることからもうかがうことができる。

惟太保先周公相宅。越若來三月、惟丙午朏。越三日戊申、太保朝至于洛卜宅。厥既得卜則經營。越三日庚戌、太保乃以庶殷攻位于洛汭。越五日甲寅位成。若翼日乙卯、周公朝至于洛、則達觀于新邑營。

（惟れ太保　周公に先んじて宅を相《み》る。越《ここ》に若《したが》ひて來たる三月、惟れ丙午《へいご》朏《ひ》。越に三日戊申《ぼしん》、太保　朝《あした》に洛に至り宅を卜《ぼく》す。厥《そ》れ既に卜を得て則ち經營す。越に三日庚戌《こうじゅつ》、太保乃ち庶殷を以《ひき》ゐて位《い》を洛汭《らくぜい》に攻《をさ》む。越に五日甲寅《かふいん》位成る。若《ここ》に翼日乙卯《いつぼう》、周公朝に洛に至り、則ち新邑の營を達觀す。）

しかしその後もなお殷文化は根強く残るのだが、そのことは青銅器の種類や文様からも明らかにうかがえる。この点では衆目の一致するところである。前王朝を倒したからといって、それまでの文化が突然姿を消し新しい文化に取って代わられるという事態にはならないのである。西周時代においては前期と呼ばれる昭王の頃までの百年間は殷の文化が濃厚に残っていた時代である。殷文化から西周文化に急速に転換していくのは次の穆王の頃からである。その契機となったのが昭王自ら軍を率いた南征中に戦死するという出来事である。この事件が西周王朝に大きな打撃と危機をもたらした件については、以前『西周〈昭穆期〉の位相〔話体版〕』で詳しく論じたことがあるので[1]、今は避けておくことにする。その後穆王が王朝再建の任務を担って登場する頃から、周的なものがにわかに強くなってくる。その周的なものとして「冊令

（命）形式金文」と呼ばれる一群の銘文が出現するのである。この「冊令（命）形式金文」に西周王朝再建の努力の跡がうかがわれることについては、前述の論考特に「第十二章　冊令（命）形式金文と中央集権の問題」で述べておいた。この解釈の仕方が次第に支持を得てきたこと自体は嬉しいことであるが、白川説と思いこんでおられる向きがあることに気がついた。事実関係を明らかにするためにここに一言しておきたい。(2)

この説は、直接には貝塚茂樹氏の西周王朝中央集権説(3)の成り立たないことを論じたものであるが、実際の意図は、貝塚説を踏まえた白川説の「西周後期から世襲貴族の文化が盛んになっていった(4)」という解釈に対して修正を迫ることにあった。修正の必要があったのは、西周王朝の国家神話が創られた理由を「世襲貴族の文化が盛んになっていった」点に求めるのではなく、むしろ王朝が直面していた危機から脱するための方策として、民族意識を発揚する意図でなされたものであった、ということを述べる点にあった。この点では、魯や宋の国家神話が危機に直面した時に成立したという白川の考え方とむしろ一致しているのであって、本来白川が採るべきだったはずのものである。そういう意味をもつ修正案だが、私の論考が貝塚説を批判するスタイルをとっていたこともあって、白川説だという印象をもたれた向きも少なくないことを後で知った。これは、私が白川静という大きな存在に隠れてしまうほどの小さな存在に過ぎなかったということを物語るものであるが、それと同時に私の論考に説得力があったことを意味しているものと思われる。私の目的そのものは果しているのだが、白川説と捉えられてしまっていることは、白川説への誤解をも意味しているので、一言しておく次第である。

二　「冊令（命）形式金文」における「命」「冊令」と「令冊」「令書」

では例文から見ていくことにする。冊令（命）形式金文と呼ばれる任官の次第を記した銘文群の中から代表的なものを選んだ。

① 唯八月初吉、王各于周廟。穆公右盠立中廷、北鄕。王冊令尹、易盠赤市・幽亢・攸勒。曰、用𤔲六𠂤。王行參有𤔲・𤔲土・𤔲馬・𤔲工。王令盠曰、䎽𤔲六𠂤眔八𠂤埶。盠拜𩒨首、敢對揚王休、用乍朕文且益公寶𨺅彝。盠曰、天子不叚不其、萬年保我萬邦。盠敢拜𩒨首曰、剌〻朕身、逌朕先寶事。《盠方尊》[6013]【図26】西周中期

（唯《これ》八月初吉、王 周廟に格《いた》る。穆公 盠《れい》を右《たす》けて中廷に立ち、北嚮《きやう》す。王 尹に冊令し、盠に赤市《せきふつ》・幽亢《いうかう》・攸勒《いうろく》を賜はしむ。曰く、「用て六師を𤔲《をさ》めよ」と。王 參有𤔲《さんいうし》・𤔲土・𤔲馬・𤔲工を行《めぐ》る。王、盠に令して曰く、「併《あは》せて六師と八師との垔《じ》を𤔲めよ」と。盠拜して稽首《けいしゆ》し、敢て王の休《たまもの》に對揚《たいやう》して、用て朕が文祖益《し》公の寶𨺅彝《はうそんい》を作る。盠曰く、「天子 丕《ひ》叚《か》丕《ひ》其《き》にして、萬年まで我が萬邦を保たんことを」と。盠敢て拜して稽首して曰く、「剌《れつ》〻たる朕が身、朕が先の寶事を更《つ》がむ」と。）

書き下し文を記したが大半の読者にとっては馴染みのない語彙が連続していて理解しにくいと思われるので、簡単に説明を加えておこう。周廟内の中廷にて盠という人物の官職任命式が挙行される次第を記したものであるが、ここから当時の任官式の様子をうかがうことができる。ここに出てくる人物は周王・穆公・盠・尹であるが、式場には他に多数の参列者がいたことは言うまでもない。穆公は任官される盠の右者つまり介添え人である。この二人が周廟内の中廷に立って北面する。所定の位置に立つ意味の「位に即く」という表現が加わることもある。北側はおそらく壇上になっていて王が南面する形をとっていたと思われる。次いで、王が尹（おそらく任官

図26　盠方尊の銘文

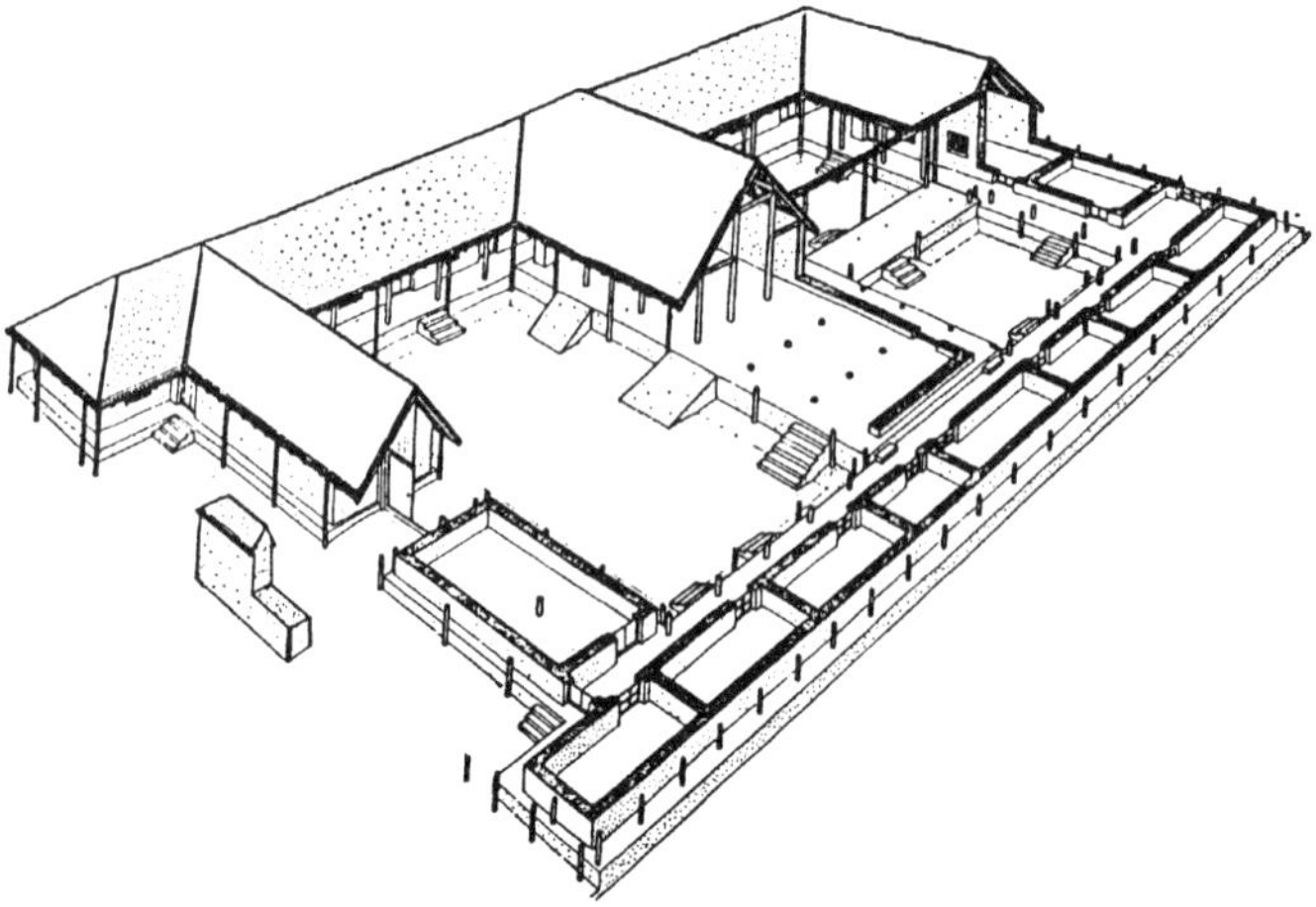

図 27　周原鳳雛村宮廟遺址復原図

式を司る長官）に「冊令」して盠に赤市・幽亢・攸勒を賜与する。ここにいう「冊令」は任命式に冊書をともなうことを示す語である。西周時代前期には全く出てこなかった語彙であるから、この時期になってはじめて用いられたと解釈していいだろう。言い換えれば、それまではずっと口頭のみで任官式を行なっていたということになる。以下、銘文の内容は具体的な官職のことに入っていくが、ここでは省略する。

次に「命」の初出例かと思われる銘文を見てみることにする。①とほぼ同じ時期のものである。

②唯三月、王才宗周。戊寅、王各于大朝。密叔又趩即立、内史即命。王若曰、趩。命女乍䙴自冢嗣馬。啻官僕射・士訊・小大又隣。取遺五寽。易女赤市・幽亢・緐旂。用事。趩拜䭫首。對揚王休。用乍季

姜𨽍彝。其子子孫孫。萬年寶用。《趞毀》【図28】集成 4266 西周中期
（唯三月、王 宗周に在り。戊寅、王 大廟に格る。密叔 趞《がい》を右けて位に卽き、内史 命に卽く。王 若《かく》のごとく曰く、「趞よ。汝に命じて豳師の冢𤔲《ちやうし》馬《ば》と作《な》さしむ。僕射《や》・士訊・小大の又隣に嫡官となれ。遺《ちやう》五鍰《くわん》を取らしむ。汝に赤市《せきふつ》・幽亢《いうかう》・鑾旂《らんき》を賜ふ。用て事《つか》へよ」と。趞拝して稽首し、王の休に對揚して。用て季姜の𨽍彝を作る。其れ子丶孫丶。萬年まで寶用せよ。）

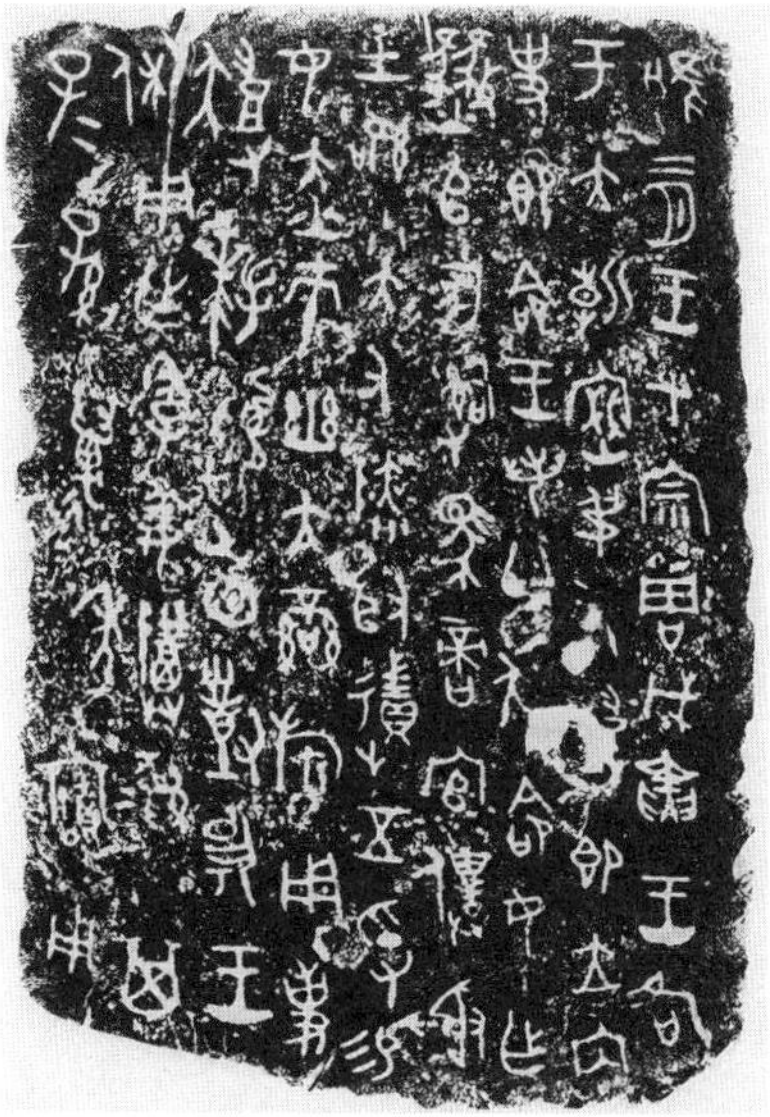

図 28　趞毀の銘文

今度は場所が西周王朝の都である宗周の大廟である。三月戊寅の日。任官される人物が趞、その右者は密叔。「内史命に卽く」とあるのは、内史が王命を朗唱する位置に卽いたことをいう。その朗唱した内容が、「王 若《かく》のごとく曰く」以下の「汝に命じて豳師の冢𤔲馬と作《な》さしむ。僕射・士訊・小大又隣に嫡官となれ。」である。①の尹と②の内史は、任官される盠・趞と王

との間に介在して王命を直接伝える役割を果たしている。内史と尹とは一応別の人物のようであるが、「内史尹」という呼び方をすることもあり、同じ人物の可能性がある。ここで注目しておきたいことは、①では「冊令」を用い、②では「令」に「口」字形が付加された字形の「命」を用いて、ともに冊令式を執り行うことを示す修辞になっている点である。つまり「冊令」と「命」とが同義語として用いられていることである。そこに自ずから王命を記した冊書が想定できるのである。①でも言及したが、この②に見える「内史」も殷系氏族である。

ここでは内史について一言しておきたい。「内史」という語は「外史」と対をなす語である。「外史」という語が用いられるわけではないのだが、私見によれば「外史」は王朝から他部族に赴いて王命を伝える「使」に相当する語であろう。それに対して王朝内で王命を伝えるのが「内史」ではあるまいか。任官式は基本的には口頭で行われるのだが、西周中期からそこに冊書が登場しそれを「内史」が朗唱するのである。「史」の原義を「史祭」とするにとどめるのではなく、いま少し論理的につめる手がかりがここにあるものと思われる。

「冊書」の存在をもっとはっきり記している例が見える。西周後期の銘文であるがこの時期になると、「冊令（命）形式金文」の記述がさらに詳細になる傾向がある。

③隹三年五月既死霸甲戌、王才周康卲宮。旦、王各大室、卽立。宰弘右頌入門、立中廷。尹氏受王令書。王乎史虢生、冊令頌。王曰、頌。令女官嗣成周賈廿家、監嗣新寤賈。用

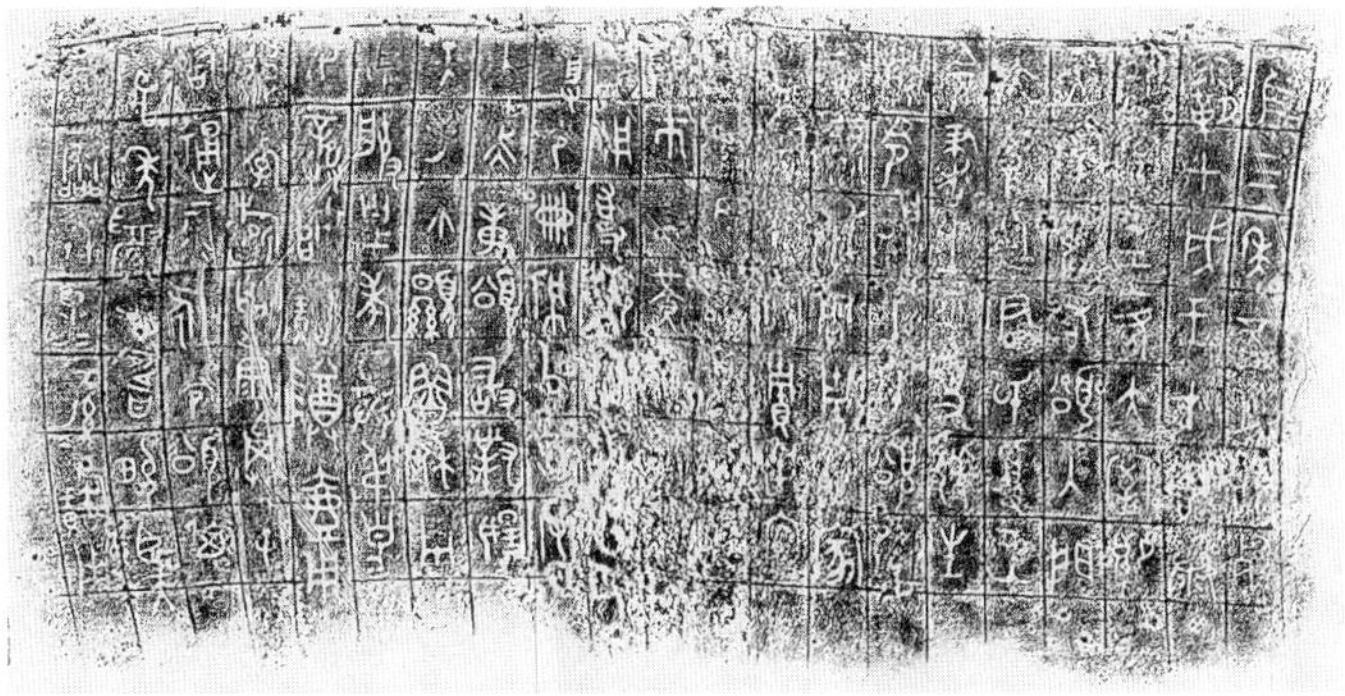

図 29　頌壺の銘文

宮御。易女玄衣黹屯・赤市・朱黄・䜌旂・攸勒。用事。
頌拜𩒨首、受令冊佩㠯出、反入堇章。頌敢對揚天子不顯魯休、用乍朕皇考龏叔・皇母龏始寶障壺。用追孝、𪓐匄康𧽊屯右、通彔永令。頌其萬年眉壽、畯臣天子、霝冬。子子孫孫寶用。《頌壺》集成9731【図29】西周後期

（隹三年五月既死霸甲戌、王 周の康昭宮に在り。旦に、王 大室に格り、位に卽く。宰弘、頌を右けて門に入り、中廷に立つ。尹氏、王の令書を受く。王、史虢生を呼び、頌に冊令せしむ。王曰く、「頌よ。汝に令して、成周の貯廿家を官嗣し、新造の貯を監嗣せしむ。用て宮に御《もち》ひよ。汝に玄衣黻純《ふつじゅん》・赤市《せきふつ》・朱黄《しゆくわう》・鑾旂《らんき》・攸勒《いうろく》を賜ふ。用て事《つか》へよ」と。

頌、拜して稽首し、令冊を受け佩びて以て出で、瑾璋《きんしやう》を返納す。頌 敢て天子の丕顯《ひけん》なる魯休に對揚して、用て朕が皇考龔叔《きようしゆく》・皇母龔姒《きようじ》の寶障壺を作る。

用て追孝し、康𤔲《かうやく》純祐、通祿永令ならむことを祈匄《きかい》す。頌 其れ萬年眉壽にして、畯《なが》く天子に臣《つか》へ、靈終ならむことを。子〻孫〻寶用せよ。）

この銘文では、任官される頌という人物が中廷に立った後、尹氏が王の「令書」を受けると記している。令書という具体的なものが渡されるのである。そして「頌に冊令せしむ」と記している。後は任官の内容が記されているのだが、その後頌は拝して稽首し、「令冊」を受け取りそれを佩びて退出するとある。この「令冊」がいわゆる任官の内容をしるした「冊書」である。任官される者が冊書を受理する。その冊書のことを「令冊」や「令書」でもって表わしているのである。ここに見える「尹氏」も①の「尹」、②の「内史」に相当するものである。

「冊令」のような二字の熟語は新語を造り出す中国語特有の手段であるが、また「令」に「𠙵」字形を付加して「命」一字でも表わすことができている。「𠙵」字形は肉体の部位や発声・発語器官としての「口」を示すものなどではなく、明らかに王命を記した冊書を入れた器と認識されていることが分かるのである。こうした新しい事象を示すための造語造字という現象が物語るのは、王命なるものがそれ以前には口頭のみで発せられていたが、この頃から冊書を伴って発せられるようになったという出来事である。王命なるものが口頭で発せられるという現象は、文字を用い始めたわが国の律令王朝でも根強く残っていたことは、早川庄八氏の詳論するところであるが(5)、このことは文字をかなり盛んに使用するようになっても、口頭言語の世界が根強く残るという現象が普遍的なものであることを意味している。

以上に述べたように、白川説の「祝辞（神に祈る言葉）を入れる器」という説明が一面の真実を掘り当てながらも、もう一つの側面を説明しきれなかった点が、「祭祀言語を記録した冊書を入れる器」という捉え方によって解決するのである。私の見るところでは、甲骨文と金文との用例を徹底的に分析する白川の直観のレベルでは、このような事柄に気付かなかったはずはないのだが、「祝辞」という語に強くとらわれたために、不明の部分を残す結果になった。その最大の原因はおそらく、口頭言語の世界と文字との関係に対してあまり思慮が払われなかったことにあると思われる。『漢字の世界』[6]の冒頭でアランを批判して「アランの漢字デッサン説は、ことばの本質を文字言語としてとらえ、そのような文字言語の創出のためにこそ文字が作られたという本来的な目的に、十分な理解を示すものでない。」と記されたことからも分るように、甲骨文字の発明を文字言語の創出に直結されている点にそのような思考の特徴が現われている。「口頭言語の世界と文字との関係」という問題意識を持つことは、甲骨文以降の漢字の歴史を考える場合にも非常に重要な意味をもつ。漢字という文字体系が、世界の文字体系の中でも一見特異な位置にあるのは確かだが、それは前述したように、中国語の言語形態が孤立語と呼ばれるものに属する点に起因するものであって、一方では、文字が言語を記録する記号である以上は、他の文字体系と同じ属性をも持っているはずである。それは中国語の場合にも口頭言語の世界に文字が生れた以上は、口頭言語をいかに書記するか、とりわけ象形で表わしようのない語をいかに表わすか、ということが最も重要な課題であったという点では同じだからである。そういう意味で言い換えるならば、文字体系なるものは口頭言語を記録するための書記システムだということになる。

「命」字出現に付随する問題に簡単に触れておきたい。この付加字形「ㅂ」を限定符と捉えるか、あるいは「命」字を「令」と「ㅂ」との会意字と捉えるかという議論はあまり意味がない。そもそも会意字という範疇そのものがあまり厳密に規定されていないように見受けられるからである。このような許慎の立てた文字構造に対する理解の仕方は、許慎の時代に見ることのできた文字の形象に基づくものであるが、漢字の初形を示す甲骨文の字形を知ってしまった以上、甲骨文の字形を土台に組み立てていかなければならない。そのような意味から言っても、白川文字学の示す字形理解は非常に重要な資料となるのである。

三　殷王朝と西周王朝との支配形態の差異——「冊書」の位相の差異

殷王朝における「ㅂ」の役割と、西周王朝におけるそれとについて行論の過程で触れてきたが、この位相の差異が何を意味するのかという点を明らかにするために、改めて整理してみることにしたい。

殷王朝における「ㅂ」は、先ず一つは神に奏上する言葉を「冊書」に記したものを「ㅂ」に入れて掲げる「史（史）」字形や、聖なる枝にかけた「告（告）」字形の中に見られるものであった。しかし殷代における「𠙵」は神に奏上するだけのものではなく、宗教的な意味を帯びた王命を他部族に宣下するという場合にも用いられた。それが「使（使）」字形の中に見られる「𠙵」であった。その「𠙵」によって示された文書は殷王朝の祭祀を受け入れるかどうかを問うたり迫ったりする内容である。諸族が殷王朝の祭祀を受け入れれば殷の宗教的支配の傘下に入ることになる。このような形で、殷王朝はゆるやかで間接的な宗教的秩序を形成していたのである。

次に、西周時代中期に「冊令（命）形式金文」に登場する「𠙵」について整理してみよう。この「𠙵」の冊書には、西周王朝の官職に任命することが記されている。王朝の官職に任命するということは、王朝の組織に組み込まれることであり、王朝の職事を担掌することを通して王朝の政治体制の中に組み込まれるということになる。そういう意味では、殷王朝において「𠙵」の果した役割とは大きな違いがある。このような「𠙵」の位相の差異が、殷王朝と西周王朝との支配形態の違いを明確に示しているのである。

なお、西周王朝では神に奏上する場合にはどのようにしていたのか、銘文資料を見る限りではそのようなことが明確に記されているものは何もない。また殷代の「史」のように冊書を掲げ祖神に奏上する文例は、西周時代には全く見られなくなっている。白川によって「史祭」と名付けられた祭祀は西周時代に見られないだけでなく、すでに殷代においても武丁死後の第二期以降はほとんど見えなくなっていた。そのことからすると、武丁期のみに行なわれた祭祀の可能性がある。「史」が祖神に奏上すべき言語を記した冊書を挙揚する呪術的な行為であったことは言うまでもないが、時期が限定されていた可能性があるのである。これは西周時代に入っても「史祭」というような祭祀がなされたことを示す銘文は存在しないし、「史」や「使」という文字の形が同じでも、語としての用法自体が変わってしまった可能性があるのではないかと思われる。

しかしそれにしても、元来文字を用いることがなかった西周王朝が、殷王朝の文字であった甲骨文と同形の文字を用いるようになった背景には何があったのであろうか。またどのようにして文字が伝えられたのであろうか。次はこのことを考えてみることにしたい。

四　祭祀言語を記録する職の系譜——史・使（外史）・作冊・内史

本書では「ㅂ」字形を「祭祀言語を記した冊書を入れる器」と規定することによって、白川文字学の中核になっている「ㅂ」字形解釈における疑問への解決策を提示した。そして西周王朝ではもっぱら任官式の過程において、王命を記す媒体「ㅂ」が再び出現する点について考察を加えてきた。この節では西周王朝内でそのような冊書を扱う職務にたずさわった氏族たちの動向に目を向けていくことにする。西周時代に「史某」という名をもつ氏族には主に次のようなものがある。注記した（成周庶殷）と（周原）とは殷末周初の殷周革命の過程で河南の洛陽成周及び陝西の周原に移住した殷系氏族を示し、（冊令式）は西周時代中期から始まる任官式に登場する殷系氏族を示す。

史旟（成周庶殷）・史矢（成周庶殷）・史獸（成周庶殷）・史牆（周原）・史臨（周原）・史逨（周原）・史戊（冊令式）・史懋（冊令式）・史年（冊令式）・史光（冊令式）・史尤（冊令式）・史𦉢（冊令式）・史虢生（冊令式）・史頌（冊令式）・史翏（冊令式）・史卒（冊令式）・史趛（冊令式）・史晢（冊令式）・史減（冊令式）・史𠂹（冊令式）・史南（冊令式）

西周時代前期に見える史某のうち殷人であることが歴史的にはっきりしているのは成周の庶殷であるが、それ以外の史某もみな殷人と見なすことができる。例えば西周王朝の古都周原から出土した青銅器《史牆盤》（西周中期）には、史牆の祖先が殷末周初に西周王朝に帰属した経緯が「武王の既に殷を戈《う》つに雫《およ》び、微史剌祖、迺《すなは》ち来りて武王に見ゆ」のように記されている。詳述は避けるが、この史牆を初めとする「史」を冠した氏族たちはいずれも殷末周初に西周王朝に帰属した殷系氏族である。名称からして「史」の職事を担当したことになるが、「史」が殷王朝時代における名称をそのまま継承したものであるかどうかは詳らかでない。この「史」を白川のように「史祭」と捉えると、殷の「史祭」を司っていた者たちが西周王朝に付いた後も「史祭」を担掌する祭祀官という捉え方になるが、第五章の三などで述べたように、「史祭」が武丁期にのみ見られるものであることから考えれば、「史」という語は武丁期の事情に即した特殊な儀礼を示す語であったと考えるべきであろう。修正案として、「史」という語で示された一連の儀礼の中で、文字を記す仕事あるいはそれを朗唱する仕事を担掌したところから後に「史某」と称されるようになったと捉えたい。成周（洛陽）・周原（陝西省岐山県・扶風県）はともに大量の青銅器が出土する所として知られている。それらの銘文に見える所の彼ら「史某」が殷の文字を直接西周王朝に伝えたものと考えるのが自然であろう。殷王朝において文字のことに関わった彼らが西周王朝に付くという事実があってはじめて、西周時代以降も殷王朝の文字をそのまま用いることができたのである。

かれら「史某」が中期の「冊令（命）形式金文」になると、冊書を伴う任官式に登場するようになる。その際「史某」あるいは「内史」「内史尹」「作冊尹」という呼称で見える。「内史」は王命を記した冊書を朗唱する任務を司っていたという私見を前に述べておいた。「内史尹」という場合はその長官の意味になる。では「作冊尹」とは何か。「作冊尹」の場合は、冊書を作ることを司る長官というほどの意味になる。言葉の意味するところからすれば、「内史」が任官式の場で王命を口頭で伝える任務を司ることを示す語であるのに対して、「作冊」はもっぱら冊書を作ることを司ることを示す語である。語義としての差異はこのようになるのであるが、ともに冊書をともなう任官式を担掌する者たちであり、時には「内史尹」と「作冊尹」とが同一人物を示していることがあるとすれば、全く別の職務であるとまで言えるかどうかである。官職などというと近代国家における官僚制と同じように、専門職として機能していたかのように考えがちであるが、古代王朝における職名は、その職務に携る人物であることを示す程度の言葉であって、必ずしも専門職として互いに干渉し合わないようなものではなかったのではあるまいか。かたや冊書を作り、かたやそれを朗唱するという言葉上の相対的な差異はあっても、任官式における一連の仕事として共同の任務についていたものと思われる。だがこの点については、今後さらに具体的に詰める必要がある。

それはさておき、ここで述べておきたかったことは、殷代においては外に発せられた「使」が、西周時代になってからは「内史」としてのみ発せられているということである。殷王朝の支配形態が前述の意味での宗教的支配であったのに対して、西周王朝の支配形態は、諸氏族を官職に任命することによって、王朝のヒエラルキーの中に組み込み、直接的な支配を指向する政治的支配の性格を帯びはじめたと思われるのである。もちろんこれはあくまでそのような指向性をもつという意味であり、それが十分な成果を上げたということを言おうとするのではない。

以上の考察によって、文字が殷王朝から西周王朝にどのように伝えられたのかを考える際の、具体的な担い手と過程を明らかにしえたと考える。してみると、「史」の示す儀礼の中に、もともと口頭言語を記録する過程が含まれていたことになる。であるからこそ、それが記録官

（すわなち口頭言語を記録する官）の意味へと転移し、更に歴史を記録する官へと転移していった道筋が見えてくるのである。

そしてもう一点。念のために付言しておきたいことがある。「ᗨ」字形を「祭祀言語を記録した冊書を入れる器」と捉え直したが、「ᗨ」の用いられる場では必ずそれを口頭でも発するという行為を伴なった。それは口頭言語の世界においては言うまでもない自明のことであって、わざわざ発声・発語の意味を示すための字形を別に作る必要など毛頭なかったわけである。言い換えれば「ᗨ」字形は、直接には「祭祀言語を記録した冊書を入れる器」を示すのではあるが、そこには常に発声という行為を伴なっていた。そのことが後に「発声・発語」の意味を示すための限定符の用法にも拡張されることになるのである。ここまで来ると更に肉体部位つまり器官としての「口」の意味を示すための限定符へと拡張される道筋は自然に見えてくる。

あとがき

本書は、微視的な視点から考察するとともに、巨視的に全体を考察し直すという作業の、往復運動の繰り返しから出来上がっていったものである。甲骨文の誕生を考える際に必要な問題を私としては一通り考察したつもりである。通読するのに骨が折れないよう、また簡略になり過ぎないよう、できるだけコンパクトなものになるよう心がけた。すでに論じたことのあるテーマについては大幅に省略したところもある。

それにしても十年前の私にこのようなものが書けようとは想像だにしなかった。いわば想定外の仕事である。当初私は、白川文字学の中核に位置する「ㅂ」字形載書説に口頭言語の世界を導入することによって、より普遍的な形に仕上げることができるのではないかということだけを考えていたのである。だが口頭言語の世界を導入することによって、それまで漠然ともっていた文字観が大きく転換することを余儀なくされた。これもまた予想しなかったことである。単に口頭言語と言うと、話し言葉だけを連想しがちであるが、言語学者や文字論者たちの研究に導かれて、口頭言語の世界に俗語と雅語の二種類の言語があるという現象が、普遍的なことであることに気付いた。そして漢字で記された言語の世界の場合も例外ではあるまいと思うようになった。であるとれば、最初から文字言語として成立したかのように言われてきた漢字も、世界の他の文字と同じ属性をもっているはずである。つまり漢字も「言語を記録する記号」という点でなんら特殊な文字ではないはずである。

口頭言語の中の雅語という特別な時に用いる言葉を本書では祭祀言語と捉え直した。出土文字資料として残された甲骨文や金文は上記の意味での祭祀言語だけを記したものである。話し言葉的な口頭言語は資料として存在しない。伝承的な神話や歌謡なども祭祀言語によるものだが、当初は口頭で伝承されただけでこれを記した痕跡がみられない。それは甲骨文と金文とが特殊な祭祀に用いられた言語を記したものだったからである。それ以外の場で発せられた祭祀言語も当然あったはずであるが、記録の対象にならなかったのであろう。しかしこうした狭い範囲に限られていた文字資料は時代の推移とともに次第にその範囲を広げていく。それは文字の普及過程と重なっていたと思われる。それまで口頭で発せられたり伝承されたりしてきた言語が、古典としてテキスト化されるようになっていく。いわゆる経典の文書化である。この文書化の過程は最初から書物の形に仕上げられたのではなく、当初はテキスト化が断片的に行なわれただけであったと思われる。したがって計画的なテキスト化ではなく、自然発生的なテキスト化であったと思われる。『春秋左氏伝』に多数見られる「詩」「書」の引用はそのような断片的なテキストの存在を物語る。これが春秋末期の孔子の時代に書物の形にまとめられ始めたものと思われる。ということになれば、『詩』が孔子によって編集されたという伝承があるのは必ずしも根拠のないことではないということになる。

春秋時代に始まるこれら祭祀言語（雅語）のテキスト化はその範囲を次第に広げていく。それまで口頭で伝承されてきた様々な古典がテキスト化されていくのである。その過程で甲骨・金文に用いられた限定的な語彙を表わす文字だけでは十分でなくなり、それまで書記する必要のなかった言葉を文字で記す必要が出てくる。そこに文字構造の複雑化という現象が現れるのである。つまり文字の複合化である。これは本書の言葉でいうならば限定符を積極的に用いることによって、あらゆる言葉を表現可能にするということであった。この意味での限定符を部首と呼ぶかどうかはさほど本質的なことではない。むしろ既成の観念の色に染まらない概念である限定符という語で表わしておく方が、従来の文字学の呪縛から解放されるだろう。近年陸続と出土する戦国時代中期の竹簡はあたかもその新しい文字構造の時代に入った実例として、かっこうの研究対象になるはずである。そのような研究を進める上で、甲骨文がどのような文字構造になっているか、基本的におさえておくことが肝要であると思われる。本書がそういう意味で何らかの役割を果たすことができれば幸いである。

なお、最後にわが亡き師への感謝の気持ちを記しておきたい。師が私に残された最後の言葉は、「ぼく（先生）に遠慮せずにやれよ。」ということであった。「また、（先生を）批判をしてもいいから文字学を発展させよ。」ということであった。この言葉は私にとって最も励みになるありがたい言葉であった。本書は多岐にわたる分野を視野に入れつつ、白川文字学を土台にして今後の文字学が進むべき基本的な方向を取り敢えず記したものである。今後は若い世代とともに文字学の発展に寄与する一助になれば幸いである。

甲骨文の誕生　原論〔注〕

〔第一章〕

（1）裘錫圭「果して文字なのか――わが国の新石器時代に用いられた符号について（究竟是不是文字――談談我國新石器時代使用的符號）」（「文物天地」一九九三年第二期）拙訳。

（2）山東大学考古実習隊「鄒平丁公発現龍山文化文字」（「中国文物報」一九九三年一月三日三版）。

（3）ヴィヴィアン・デイヴィズ著・塚本明廣訳『エジプト聖刻文字』《大英博物館双書》失われた文字を読むシリーズ（學藝書林　一九九六年）などを参考にした。

（4）クリストファー・ウォーカー著・大城光正訳『楔形文字』《大英博物館双書》失われた文字を読む」（學藝書林　一九九五年）や、ジャン・ボテロ『メソポタミア　文字・理性・神々』〔法政大学出版局　一九九八年〕などを参考にした。

（5）ジャン・ボテロ著・松島英子訳『メソポタミア　文字・理性・神々』〔法政大学出版局　一九九八年〕（一一四～一一五頁）。

（6）デニス・シュマント＝ベッセラ　小口好昭・中田一郎訳『文字はこうして生まれた』〔岩波書店　二〇〇八年〕How Writint Came About by Denise Schmandi-Besserat。

（7）ここでは沖森卓也『日本語の誕生――古代の文字と表記』（吉川弘文館　二〇〇三年）、小谷博泰『木簡と宣命の国語学的研究』（和泉書院　一九八六年）、犬飼隆『木簡による日本語書記史【二〇一一増訂版】』〔笠間書院　二〇一一年〕や雑誌「木簡研究」などを参考にしながら、筆者の考えで構成した。

（8）（11.2453）は『万葉集』第十一巻・二四五三を意味する。以下同じ。
（9）書き下し文は、新日本古典文学大系『古今和歌集』（岩波書店　一九八九年）などを参考にして筆者の考えで作成した。
（10）白川静『甲骨文の世界』（平凡社東洋文庫　一九七二年）
（11）[H180]という略記は、『甲骨文合集』所収甲骨に付された通し番号である。以下同様。
（12）段玉裁著・袁國華編審『説文解字注』（藝文印書館印行　二〇〇七年）などを用いて書き下し文にした。以下同じ。
（13）河野六郎『文字論』（三省堂　一九九四年）一六頁。
（14）殷末周初の西周甲骨。西周王朝の古都周原（陝西省岐山県）から出土した周原甲骨や、周公廟遺址（同岐山県）から出土した甲骨（現在整理中）などがある。
（15）西周中期の《史牆盤》には殷王朝から西周王朝側に付いた経緯が記されている。本書第六章参照。
（16）白川静『金文の世界』（平凡社東洋文庫　一九七一年）や『金文通釈』（平凡社　白川静著作集）の該当箇所に言及されている。
（17）河野六郎・西田龍雄『文字贔屓』（三省堂　一九九五年）。
（18）金田一京助『アイヌ叙事詩　ユーカラ』（岩波文庫　一九三六年）。久保寺逸彦『アイヌの文学』（岩波新書　一九七七年）。
（19）例えば、「詩曰、『豈不夙夜、謂行多露。』」（襄公七年）、「書曰、『一人有慶、兆民頼之、其寧惟永』」（襄公十三年）、「周易曰、『隨、元・亨・利・貞、無咎。』」（襄公九年）、「諸侯用幣於社、伐鼓於朝、禮也。」（昭公十七年）等の形で出てくる。
（20）口頭伝承を口碑と呼ぶことがあるが、口頭伝承の歴史性を捉えた表現である。
（21）ここで便宜上「漢字文化」という表現を用いたが漢字の原初形態である甲骨文・金文を想定している。

戦国中期の楚簡からは文字構造が複雑になっていく点については後述する。
(22) W・J・オング　桜井直文・林正寛・糟谷啓介訳『声の文化と文字の文化』(藤原書店　一九九一年)。エリック・A・ハヴロック　村岡晋一訳『プラトン序説』(新書館　一九九七年)。川島重成「口頭言語文化としての古典ギリシャ――ホメロス叙事詩の口誦技法と文字伝承の問題をめぐって――」(ICU『人文科学研究』二三号　一九九一年)。小川正広「古代ギリシアにおける文字使用」(『民博通信』二三号　一九八四年)。などを参考にした。
(23) 『大辞泉』(小学館　一九九八年)。この辞書の説明が簡潔で明快だったので選んだ。

〔第二章〕

(1) 浅野裕一編『竹簡が語る古代中国思想(二)――上博楚簡研究』(汲古書院　二〇〇八年)所収の「附篇上博楚簡『字書』に関する情報」(福田哲之)による。
(2) 白川静による。
(3) 白川静『漢字の世界1』(平凡社東洋文庫　一九七八年)二一頁。
(4) 白川静『漢字の世界1』(同前)一〇頁。
(5) 白川静監修・小林博編『漢字類編』(木耳社　一九八二年)三一頁。
(6) 私のソシュール理解は丸山圭三郎『ソシュールの思想』(岩波書店　一九八一年)、『ソシュールを読む』(岩波書店　一九八三年)、『ソシュール小事典』(大修館　一九八五年)、『言葉とは何か』(夏目書房　一九九四年)などに負うところが多い。また相原奈津江『ソシュールのパラドックス』(エディットパルク　二〇〇五年)からも少なからぬ啓示を受けた。
(7) 丸山圭三郎『ソシュールの思想』(前掲書)Iの第三章。
(8) 影浦峡・田中久美子訳『ソシュール　一般言語学講義　コンスタンタンのノート』(東京大学出版会　二〇〇

〇七年）。一一八頁に記された訳語による。「聴覚イメージ」とすると、音と意味との関係を強く感じる向きがあるかも知れないので、「聴覚的なもの」という訳語も並記しておいた。ソシュールの考え方では「言語においてシニフィアンとシニフィエの結合は、完全に恣意的です。」（上掲書一一八頁）とある。漢字の音をグループ化してそこに意味を結合させる試みは、ソシュール言語学の考え方とは乖離するものだということになる。

（9）　第二章一3「借字という表語法」でもこの考え方に基づいて説明した。

〔第三章〕

（1）「一九九五年鄭州小双橋遺址的発掘」（「華夏考古」一九九六年第三期）。

（2）洹北商城の発掘報告は「河南安陽市洹北商城的勘察與試掘」（「考古」二〇〇三年第5期）。

（3）中国社会科学院考古研究所『殷墟発掘報告　一九五八〜一九六一年』（文物出版社　一九八七年）。

（4）中国社会科学院考古研究所『殷墟的発現与研究』（科学出版社　一九九四年）。

（5）中国考古：http://www.kaogu.cn/cn/index.asp。

（6）「河南安陽市殷墟劉家荘北地遺址」（中国考古網　二〇〇九年一月一四日）。

（7）「考古」二〇〇九年第七期には「河南安陽市殷墟劉家荘北地二〇〇八年発掘簡報」が収められている。また、「考古」二〇一二年第一二期には以下の報告が収められている。「河南安陽市殷墟王裕口村南地二〇〇九年発掘簡報」、「河南安陽市殷墟劉家荘北地二〇一〇〜二〇一一年発掘簡報」、「河南安陽市殷墟劉家荘北地制陶作坊遺址的発掘」二〇一〇〜二〇一一年発掘簡報」、「論殷墟出土的三枚青銅印章及相関問題」。一点付言すると、王裕口村南地は劉家荘北地と二六〇mだけ離れた場所で、ほぼ同列に考えてよいだろう。

（8）『殷墟婦好墓』（文物出版社　一九八〇年）。

（9）「考古学報」一九七九年第一期所収の、中国社会科学院考古研究所安陽工作隊「1969―1977年殷墟西区墓葬発掘報告」。
(10)「殷墟西区墓地分析」(「考古」一九九七年第一期)。

〔第四章〕

(1)『尚書』には難解な箇所が少なくないので諸種のテキストを参照したが、ここはテキストの違いによって解釈が大きく異ならない箇所と見てよいようである。解釈は先学のもの数種を参考にし、最終的には私の考えで訓読を施した。「説命上」も同様に処理する。
(2)『清華大学蔵戦国竹簡』(中西書局 二〇一〇年〜)が一年一冊のペースで刊行中である。この原稿を書き上げた時点で第二冊まで既刊だったが、その後「説命」篇が収録されているという第三冊を入手した。『清華大学蔵戦国竹簡(参)』(中西書局 二〇一二年一二月)中国の学者はこれが真正の「尚書」だと言っているのだが、一読して口承説話の印象を受けた。戦国楚簡からこの類の「尚書」が多く出土することから、私は「尚書」とは何かという問いを自ら発するようになった。
(3)清華大学出土文献研究与保護中心編 李学勤主編『清華大学蔵戦国竹簡(参)』(中西書局 二〇一二年一二月)の一二二頁に「此外、《禮記。文王世子》、《學記》所引《説命》、以及《緇衣》另引的一條佚文、則不見於竹簡本、這應該是由於《説命》的傳本有異。」と記されている。
(4)郝敬『尚書辨解』(『尚書類聚初集(二)』(人文豊出版公司 一九八四年)を用いた(九六頁)。ここで郝敬は旧説を批判した後、王は三年間自ら命令を発しなかったことをいうのだとしている。

〔第五章〕

(1)『回思九十年』(平凡社 二〇〇〇年)所収。
(2)『白川静著作集別巻 甲骨金文学論叢』全3冊(平凡社 二〇〇八年〜二〇一二年)。

（3）王国維『観堂集林』（中華書局　一九五九年）所収「殷周制度論」の冒頭部分。
（4）『郭店楚墓竹簡・五行』（文物出版社　二〇〇二年）45頁。
（5）[S4210]は『殷周金文集成』（中華書局　一九八四年）の整理番号四二一〇を示す。以下同じ。
（6）江永「周礼疑義挙要」秋官。（『皇清経解』所収）。
（7）王国維「釈史」（『観堂集林』）。
（8）『白川静著作集別巻　甲骨金文学論叢』（前掲書）（上）所収「釈史」一〇頁。
（9）[Y2348]は『英国所蔵甲骨集』（中華書局　一九八五年）の整理番号二三四八を示す。
（10）『白川静著作集別巻　甲骨金文学論叢』上　所収「作冊考」）
（11）川田順造『無文字社会の歴史』（岩波書店　一九七六年）や、早川庄八の以下の論考参照。「天平六年出雲国計会帳の研究」（『日本古代史論集』下巻）。『宣旨試論』（岩波書店　一九九〇年）。「儀式・政務と口頭伝達」（古典購読シリーズ『続日本紀』第一講。岩波書店　一九九三年）などにも精密な考証が加えられている。
（12）この私案は、拙稿「読『作冊考』」（「立命館大学白川静記念東洋文字文化研究所紀要」第四号　二〇一〇年）を書く過程で得たものである。一五頁。
（13）戦国時代の楚墓から出土したものを「戦国楚簡」と呼ぶことが多い。以下に挙げる資料は、口頭で伝承されてきた経典を文書化した資料として、様々な角度から研究されるであろう。以下、書名を列挙する。『郭店楚墓竹簡』（文物出版社）、『上海博物館蔵戦国楚竹書』（上海古籍出版社）、『清華大学蔵戦国竹簡』（中西書局）。

〔第六章〕

（1）「西周〈昭穆期〉の位相〔話体版〕」第四章「昭王の水死」（『西伯』第一号　一九九七年）。

（2）例えば小南一郎『古代中国　天命と青銅器』（京都大学学術出版会　二〇〇八年）は先行研究の成果を摂取しながらまとめられたものと思われるが、概説書という性格からか特に断りが入らない。この件についてご本人にお尋ねしたところ、白川説だと思っておられたとのことであった。またこの書では、儀礼の場における王の自称「余」と臣下を呼ぶ時の「女（汝）」についても述べておられるが、これも私の「西周〈昭穆期〉の位相〈話体版〉」第十二章「冊令（命）形式金文と中央集権の問題」（『西伯』第四号　一九八八年）で、任官式という儀礼の場における特殊な意味を帯びた呼び方であることを分析したものを採られたもののようである。ただ私がそこで述べておいたことは、「余」は儀礼空間においてはその時の王自身を指すだけでなく先代の王をも指す語であること、また「汝」も同様にその時の臣下自身を指すだけでなく先代をも指すものだということであった。二人称複数という近代文法的な言い方を採らなかったのは、古代的な儀礼空間における言語のニュアンスが伝わりにくいからである。私の説を支持して下さったことを感謝するとともに、その辺のニュアンスを伝えたくて敢えて一言する次第である。

（3）貝塚茂樹『中国古代史学の発展』（『貝塚茂樹著作集』第四巻　中央公論社）

（4）白川静『詩経　中国の古代歌謡』（中央公論社　一九七〇年）第五章「貴族社会の繁栄と衰落」、白川静『詩経研究通論篇』（『白川静著作集』第十巻　二〇〇〇年）「第八章　雅頌詩篇の展開」等参照。

（5）早川庄八「天平六年出雲国計会帳の研究」（『日本古代史論集』下巻）。『日本古代官僚制の研究』（岩波書店　一九八六年）所収の「前期難波宮と古代官僚制」、「選任令・選叙令と郡領の『試練』」等。「律令国家・王朝国家における天皇」（『日本の社会史　第三巻　権威と支配』岩波書店　一九八七年）。「公式様文書と文書木簡」（「木簡研究」七号）。（週刊朝日百科・日本の歴史・別冊「歴史の読み方4」『文献史料を読む・古代』（朝日新聞社　一九九〇年）。『宣旨試論』（岩波書店　一九九〇年）。「儀式・政務と口頭伝達」（古典講読シリーズ『続日本紀』第一講。岩波書店　一九九三年）などに精密な考証が加えられている。

（6）白川静『漢字の世界』（前掲書）四頁。

事項索引

さ行

た行

な行

は行

ま行

や行

ら行

人名索引

文献・器名索引

著者略歴

高島敏夫（たかしま・としお）

1948年京都市生まれ。立命館大学中国文学科卒。現在は立命館大学の中国文学特殊講義（文字学）を担当。同大学白川静記念東洋文字文化研究所の研究員を経て，現在は客員研究員。同研究所の活動として「初期漢字研究会」を主宰。白川文字学の普遍化と深化につとめる。最近の研究テーマは，殷代末期から西周時代にかけての文化の大転換期（殷周革命）を対象とするもの。白川静『金文通釈』の「本文篇語彙索引」を担当。

JIMBUN SHOIN Printed in Japan
ISBN 978-4-409-51070-4 C0022

甲骨文の誕生 原論

二〇一五年四月一〇日 初版第一刷印刷
二〇一五年四月二〇日 初版第一刷発行

著 者 高島敏夫
発行者 渡辺博史
発行所 人文書院
〒六一二-八四四七
京都市伏見区竹田西内畑町九
電話〇七五（六〇三）一三四四
振替〇一〇〇〇-八-一一〇三

印刷 ㈱冨山房インターナショナル
製本 坂井製本所